ミース再考

——その今日的意味

ケネス・フランプトン他著　澤村 明＋EAT訳

原本“Mies Reconcidered : His Career, Legacy, and Disciples”は、ミース生誕100年にあたる1986年に、シカゴ・アート・インスティテュートにより開催された展覧会のカタログを兼ねて出版されたものである。これを弊社では、1992年にSDライブラリー⑬「ミース再考――その今日的意味」として翻訳刊行した。その後、品切れとなったがミース生誕120年の今年、ミース関連の貴重な書としてその体裁を変え、SD選書として復刊したのが本書である。

Mies Reconsidered
His Career, Legacy, and Disciples
by
John Zukowsky (organizer)

Published 1992 in Japan
by Kajima Institute Publishing Co.,Ltd.
Japanese translation rights arranged
Rizzoli International Publications, Inc.
through Orion Literary Agency, Tokyo

ミース再考　目次

ミース再考

カバーデザイン…………山口信博

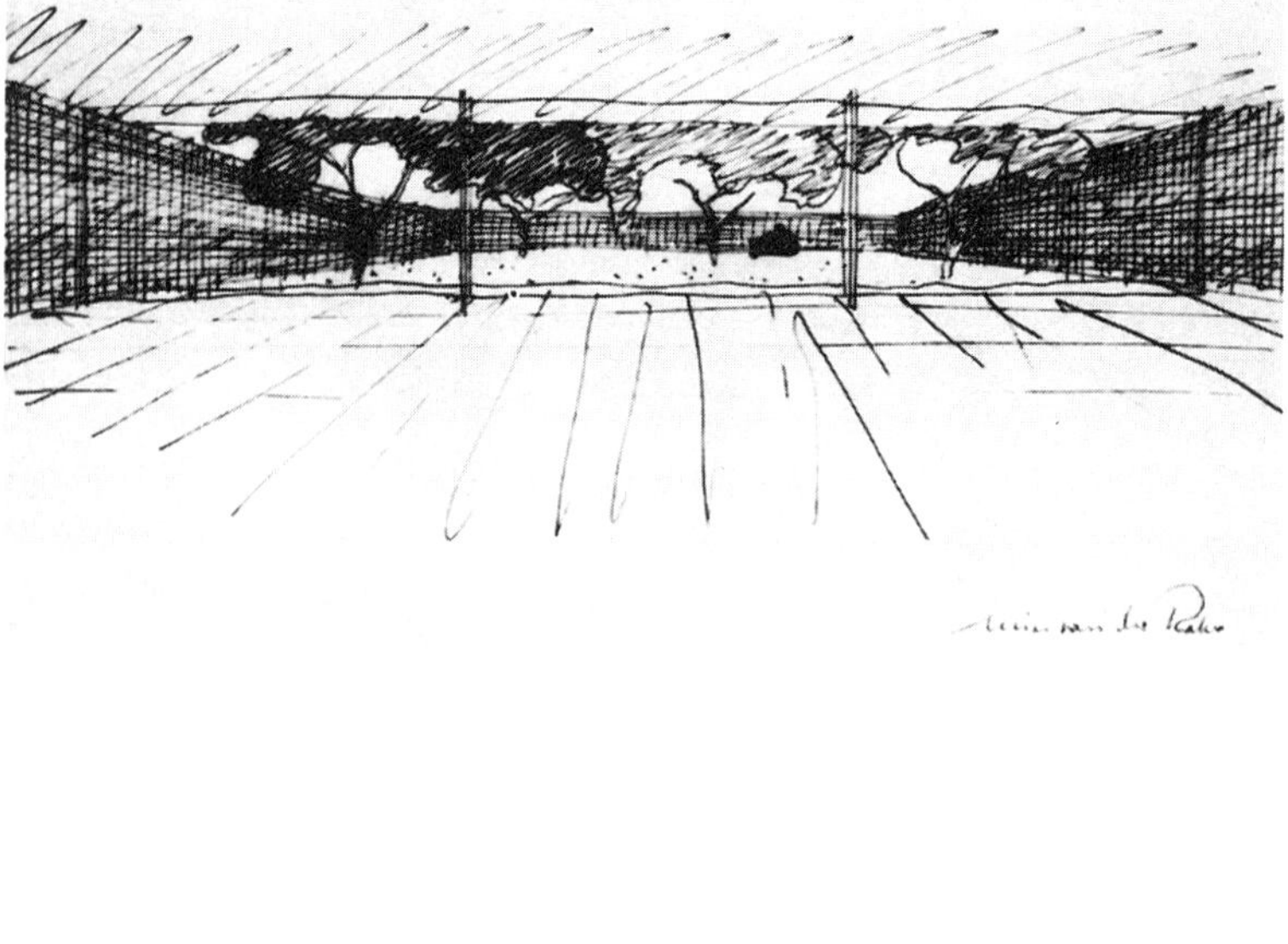

序文

ルートヴィッヒ・ミース・ファン・デル・ローエ生誕百年に際し、ミースとその弟子たちについての展覧会をまとめた本書の上梓は、シカゴ・アート・インスティテュートにとって喜ばしいことである。この偉大な建築家とは長いつきあいであったのだし、またシカゴの建築に対する彼の多大なる貢献を考えると、なおさらである。一九三七年ミースが初めてシカゴを訪れたときにわがアート・インスティテュートに立ち寄ったことがある。往時、同じ建物に入っていたアーマー工科大学建築学科のバーナム建築図書館収蔵のルイス・サリヴァンのドローイングを見るためだった。ミースがアーマーの建築学科主任に決まり、アート・インスティテュートは一九三八年一二月一五日から一カ月に及ぶミース展を開催した。すでに一九三二年にニューヨーク近代美術館でフィリップ・ジョンソンとヘンリー=ラッセル・ヒッチコックが構成した国際建築についての先駆的な展覧会にミースも含まれていたとはいえ、このアート・インスティテュートによる展示こそ、アメリカで初めてのミースのワンマンショーであった。内容はドローイングと二〇枚の大きな写真パネル、そして四つの模型からなり、そのうちのトゥーゲントハット邸の模型は、インスティテュートの刊行物の中でミースの代表作として持ち上げられている。展覧会につきものの簡単なカタログを手がけた若いアメリカ人建築家のジョン・バーニィ・ロジャースは、ベルリン・バウハウスで学んだことがあり、後にミースの下、イリノイ工科大学の教授団に加わることになった。

一九三〇年代になると、ミースは多くの展覧会で取り上げられるようになった。主なものとしては一九四七年のニューヨーク近代美術館での回顧展（図f・1）、また一九六八年にアート・インスティテュートで行った大規模なものがある（図f・2）。この同じ年にはミースの教え子でアート・インスティテュートの二〇世紀美術担当学芸員のジェームズ・シュペーヤーが恩師の国際巡回展を準備した。この催しが始まったのは、一九六九年七月一七日のミース逝去に先立つこと一年とわずかであった。アート・インスティテュート職員のカサリン・クーはミースに、美術館教育の実験的アプローチとしての「芸術解釈ギャラリー」という常設ギャラリーの設計を頼んでいる。このスペースで最初に展示されたのは「パソダとは」という演出展覧会であり、これは一九四四年春にアート・インスティテュートで行った「パソダ——メキシコの版画家」巡回展を補うものであった。加えて、本インスティテュートの版画素描部門はムンクの版画を多々、ミースのコレクションから譲り受けているし、建築部門もミースの建築関係のスタディやスケッチを、主としてシュペーヤー氏の好意によって蓄えてきたのである。他の同僚・教え子諸氏の御好意も限りないもので、わがコレクションにそれぞれのお手元にあったドローイングを寄贈いただけた。また、個人蔵から借り受けられた品々や、また本インスティテュート蔵のさまざまなものが、近代美術館に設立されたミース・ファン・デル・ローエ資料室に見当たらないため、これまで失われたか破棄されたと考えられてきた題材に光を当てるべく引き出されているのである。

本書に所載の論文は、建築を批評的に見るということの多様さを示している。デヴィッド・スペースとケネス・フランプトン、クリスチャン・F・オットーの伝記面から分析しようという扱いから、フランチェスコ・ダル・コォとピーター・アイゼンマン、スタンリー・タイガーマンの、推論から入る、もっと形而上学的な解釈までさまざまなのだ。願わくば、本書が、また契機となった展覧会も、建築研究に大きな貢献となって欲しいものである。すなわち、ミー

図f・1　フィリップ・ジョンソンとミース、ニューヨーク近代美術館におけるミース展会場にて、一九四七年

図f・2　シカゴ・アートインスティテュートにおけるミース作品展、A・ジェームズ・シュペーヤー構成、一九六八年

ス・ファン・デル・ローエとその仲間たちにふさわしい捧げ物となりうるように。彼らが当地そしてアメリカ全土の都市環境に及ぼした衝撃は否定しようのない重みを持っていたのだ。

最後に、本展覧会とこのカタログの双方への、ポール・アンド・ガブリエラ・ローゼンバウム財団からいただいた多大なる援助に感謝の意を表したい。

シカゴ・アート・インスティテュート代表
ジェームズ・N・ウッド

謝辞

ミース・ファン・デル・ローエと彼の仲間、弟子たちの展覧会というアイデアは、このわずかな年月のうちに膨らみ、本書と展覧会に見られるものとなった。この実現にむけて援助いただいたポール・アンド・ガブリエラ・ローゼンバウム財団には、深く感謝している。このことについては、特にジェームズ・N・ウッド代表がわれわれの企画をこの財団へ働きかけたのである。ガブリエラ・ローゼンバウムとその息女エディス・レオニアンとは本企画の実現に際してとりわけ推進力となってくれた。A・ジェームズ・シュペーヤー、ジョージ・ダンフォース、またその他ミース・ファン・デル・ローエの同僚・教え子の面々も、本展覧会に供出貸与の多大なる便宜を図っていただいた。

こうした品々の展覧会を構成するにあたり、またこのようなカタログを刊行するために、やはり多くの人々の助力を仰いだのであり、彼らの助言と助力とはたいへん有り難いものであった。アート・インスティテュート建築委員会のデヴィッド・ハイラード委員長やジェームズ・N・アレクサンダー、J・ポール・バイトラー、エドウィン・J・デコスタ、スタンリー・M・フリーリング、ブルース・J・グラハム、ニール・ハリス、カーター・H・マニー・ジュニア、ピーター・パルンボ、J・A・プリッツカー夫人、そしてスタンリー・タイガーマンは、この企画が成功を収めるのを目にせんと願ってきた。展示に含まれたドイツ関連についてはイネス・ドレセルが手配し徹底して調べあげてくれた。また彼女を助けてくれたのは以下の方々である。シュトゥットガルトのヴォルフガング・マイヤー記念建造物官。ヴィルフリート・ベック＝エァラング。シュトレーレ航空写真のビリギッテ・リートミュラーとヴォルフガング・リーマン。シュトゥットガルト国立地上建築局のヘルマン・ネーゲレ。シュトゥットガルト州立銀行のマルチン・ヴェアヴィック。シュトゥットガルト市写真室のアルブレヒト・シャター。マンハイム芸術ホール支配人のマンフレート・ファス博士。市立ライス博物館のリセロッテ・ホメリングとヴィルヘルム・ヘルマン。クレフェルトのハウス・ランゲ＝ハウス・エスタース博物館のユリアン・ハイネンおよびゲアハルト・シュトルク両博士。クルップ製鉄のベアトホルト・バイツ、ドミニク・フライヘーア・フォン・ケーニヒ、レナーテ・クィーネ＝リンデンラウプの各博士。ベルリン・バウハウス資料室のクリスチャン・ヴォルスドルフ博士。パリのクリスティン・マンガン。また、ハンスユウク・コッホ、マリアンネ・シュパットヘルフ、トーマスおよびジャクリーヌ・ドレセル、エリカ・ポデイからも助力を賜った。博物館部門出版部のイネス・ドレセル、アリアン・ノワック、そしてロバート・V・シャープには今回の翻訳について多くを負った。

アメリカおよび英国の以下の諸氏に、展示品や写真についての情報や物事に関し、また本企画へのアドバイスといった、助力を賜った。フジカワ・ジョンソン設計事務所のクレール・ローズとジョセフ・フジカワ。エドワード・デュケット。ジョージ・ダンフォース。デヴィッド・ハイド。ダーク・ローハン。レジナルド・マルカムソン。H・P・デヴィス・ロックウェル。A・ジェームズ・シュペーヤー。ジェリー・シンガー。デボラ・スレーロン。シカゴ・アート・クラブ代表のパトリシア・シャイト。ヘドリック＝ブレッシング写真のジャック・O・ヘドリック。シカゴ歴史協会建築コレクション学芸員のウィム・デ・ウィット。イリノイ工科大学のケヴィン・ハリントンとロルフ・アキレス。ハーバート・S・グリーンウォールド夫人。シカゴ大学社会奉仕学部ウィリアム・ポラック副学部長。メトロポリタン・ストラクチュアのバーナード・ワイスバード、ジェネラル・フレゲル、ジョセフ・シュア。ピーター・カーターとデニス・マリアンナ。マンション・ハウス街区の模型のためにシカゴに来てくれたコリン・モリスを初めとするプレゼンテーション・ユニット社スタッフ。アート・クラブの模型を修復してくれたリチャード・ティックナーおよび展示したドローイングのほとんどを保管し額装してくれたパブロ・ディアツにも感謝する。さらに、ミースの弟子たちの口述を書き下ろしてくれた、スターリング・モートン慈善基金とカナダ建築センターのスゼット・モートン・デヴィッドソンとフィリス・ランバートにも謝意を捧げたい。

このプロジェクトに参与した多くのアート・インスティテュート職員にも感謝を捧げる。建築学芸員補のポーリン・サリガ、事務局のアンジェラ・リカップ、技術助手のルイージ・マンフォード。口述を企画してくれた建築部のベティ・ブルム。シカゴでの展示のためにヒルベルザイマーの書簡類を選んでくれた司書補のスーザン・ゴッドリュースキー。建築資料室のメリー・ウーレヴァー。写真室長のアラン・ニューマンとそのスタッフたち。写真部のダグラス・セヴァーソンはディモラによるミースのポートレートを保存していてくれたし、またデヴィッド・トラヴィスとともに展覧会のためのパネルを確保してくれた。美術飾り付けコーディネーターのレイノルド・バイリー。天然植物部のジョージ・プレストンとロン・プシュカ。美術館資料室のキャシー・ストヴァー。外商部のグラフィック・デザイナー、アン・ワスマン・グロス。記録係のメリー・ソルト。

本カタログに関与した人々の名前もあげておく。副編集長のロバート・V・シャープはこの本のために何カ月もかけて素材を収集し編集してくれた。彼と編集見習のサラ・モルマンは、写真を集めることと本書の監修とに、まさに熱意をもって献身してくれた。著者の選定は、スタンリー・タイガーマンのアドバイスによるものだが、その皆々の寄稿に対し、厚く御礼申し

上げる。本書の洒落た装丁はシカゴのマイケル・グラス・デザインの作である。原稿のタイプ打ちは出版部のクリス・リゲンザとホリー・ステック・ダンカートの手による。編集見習のトム・フレドリックソンにも助力を仰いだ。

最後になるが、国際巡覧展とするのに努力してくれ、カタログを何カ国語にもなおしてくれた以下の諸氏に感謝したい。本展を開催しドイツ語版を出してくれるフランクフルトのドイツ建築博物館のハインリヒ・クロツとハンス・ペーター・シュヴァルツ。本書のフランス語版を出版してくれる予定のポンピドー・センターのアラン・ジュオーとクロード・ウヴノー。

アート・インスティテュート建築学芸員
ジョン・ツコウスキー

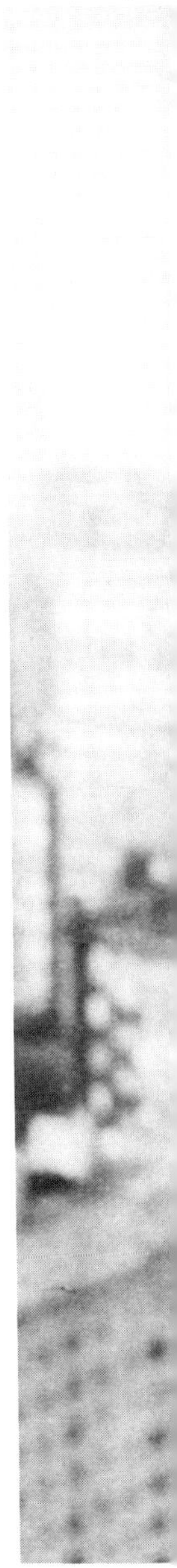

図　ミース・ファン・デル・ローエ、レイク・ショア・ドライヴ八六〇アパートメントにて、一九五二年頃

第一章　ルートヴィッヒ・ミース・ファン・デル・ローエの生涯

デヴィッド・スペース

神秘というのは単純だ。明解にしようというのが何よりも難しい。

ジュリアン・バーンズ『フロベールの鸚鵡』

これまでのところ、私が研究してきた理由というのは個人的なものだった。私はミース・ファン・デル・ローエの人生と彼の作品を私自身のために理解したかったのだ。本論は、先に私が発表した書[*1]から直接導き出されたもので、私にとっては、通常の作品論よりも絞り込んだ焦点を当ててミースの作品を吟味する好機であった。というのも読者はすでに彼およびその作品について理解しているものと思われるからである。何年かの間、私はミースの作品を研究し、数限りなく機会をとらえては再検討し、そして、より大きな尊敬の念を抱くようにさえなってきた。なぜなら、それらは永遠の価値や、永遠の真理につながっているからなのだ。すなわち、(一)技術こそ、この時代ないしどの時代をも活動させる最も重要な力である。これがその時代の精神、ツァイトガイストである。(二)その名にふさわしい建築とは、この力の表現である。(三)すなわち物理的構造と同様に理知的構造、精神的構造として明解な構造こそ、建築空間が実現されうる、唯一の手段である。(四)有限なものというよりもむしろ、一つの

*1　David Spaeth, *Ludwig Mies van der Rohe: An Annotated Bibliography and Chronology* (New York, 1979), および *Mies van der Rohe* (New York, 1985), 平野哲行訳『ミース・ファン・デル・ローエ』鹿島出版会、一九八八年。

連続体として空間が存在するのであり、そこでは、建築は単に定義された部分（ないし現象）である。

読者のために、ミースと関わってきた私の経歴を説明して、彼の作品への私の肩入れをはっきりさせたほうが良いだろうし、また必要でもあろう。一九五五年から六六年まで私は、ミースが一九三八年に開き現在イリノイ工科大学となっている建築学校に学んだ。かつてのミースの弟子たちがわが教師であった。何人かとは深く親交を結ぶこととなった。少しの間、彼の事務所でドラフトマンとして働き、イラストボードにインクでプレゼンテーション図面を作成した。彼の設計したキャンパスに通うに加え、一時は彼によるアパートメントの一室に住んだこともある。

この後は、私が行ってきたことの一部であって私の体験記録であるのと同様に、進むべき道程にいたと分かる証明でもある。ジュリアン・バーンズのように、私はこの主題を明解にするよりも神秘的にするほうが簡単だと思っているかのようにもとれよう。しかしながら、書かれた結果もその意図もはっきりしている。無秩序であるように見えるものの本質的な秩序を発見することであり、また、重要なことを単に面白いだけのことから分け離すことであり、そしてこれらのすべてを可能なかぎり最高に明解な方法で、より多くの読者に届くようなものとすることである。明解にすべきは「なぜ」と同じく「どのように」であり、伝記情報と同時にミースの作品の描写、解説を物語の中に織り込む。取捨選択はやむを得なかった。私の選択によって、ミースの人生の意義ある功績が照らし出されるものと信じている。

一八八六年三月二七日、ドイツのアーヘンに、ミヒャエル・ミースとアマーリエ（旧姓ローエ）の息子マリア・ミヒャエル・ルートヴィッヒが生まれたとき、産業革命はすでに臨界点に達していた。石工親方に率いられた一家ということから想像できるような、つましい環境下に、彼らの末っ子は育っていった。ミヒャエル・ミースの持っていた小さな石材店は主に墓石とマントルピースを作っていた。この一家の貧しい出自とつましい生計手段のせいで、幼少期を無事長じえた四人の子供の誰も、高等教育を受けられなかったのである。

ルートヴィッヒ・ミース(あるいは単にミースとして、その建築家としての生涯の間ほとんど世界中に知られたのだが)は自分の教育を次のように語っている。

私は通常の建築教育を受けなかった。何人かの良い建築家の下で働き、何冊かの良い本を読んだ。それがすべてだ。[*2]

*2 Katherine Kuh, "Mies van der Rohe: Modern Classicist," *Saturday Review* 48 (January 23, 1965), p. 61.

彼の建築教育に関してこのことは真実であろうが、こうした口数の少ない言葉からは、ミースが正式の教育をあまり受けていないのだろうという印象を受ける。実際のところ、彼はアーヘンの教会附属学校に六歳から一三歳まで通った。放課後や休日には、より実用的な教育を、家業の中で父親や兄のエヴァルトから身につけた。ここで石材の物理的な特性とか、細かい素材や手工芸といったものの価値を、じかに学んだのである。

ミヒャエル・ミースはその当時の伝統の中の、非常に権威主義的な人間であった。彼と息子たちの関係は近しいものではなく、訓練と刻苦に基づくものであった。ミースは兄とのほうが仲が良かった。母についてはほとんど知られていない。われわれが知っておくべきは、彼女の努力とねばり強さであり、ミースは毎日シャルルマーニュの建立した教会堂のミサに出席して、聖歌隊を勤めた。母親が彼の精神に良かれとしていたのは明らかなのだが、その代わりにミースは、ミサの祝福よりも、その祝福の行われている空間や、石とモルタルが教会の構築へと変化するその手法に、興味を惹かれたのである。ミサの間彼は石を数え、モルタルの目地を目で追った。「読み」「理解」しようとする試みの中で、この構築物は、後に彼の建築の中に明らかになる考えの第一歩であったのだ。すなわち、建築という言語には語彙と文法があって、それらによって部分部分は、全体に対し明解に関係づけられ、全体から脱皮するような、完璧な形態論なのだということである。

　九世紀、シャルルマーニュの庇護下、アーヘンには数々の重要な建物、教会に加え宮殿や宮廷学校などが授けられた。さらに、九世紀半ばから末にかけてアーヘンが浴した繁栄によって、この都市の建築構成や都市としての状態を高められたのである。カロリング朝、そして中世、さらにその後の遺構は第一次世界大戦で破壊されるまで残っていた。アーヘンを離れてから何年もたって、ミースは深い情をもって思い出している。

> 若いころに見た故郷のたくさんの古い建物を覚えている。重要なものはあまりなかった。なんとも単純だが、とても明確だった。どんな時代にも属さずにいただけに、その強さには目をみはらされた。千年もそのままだが未だ印象的だったし、何物もそれらを変えられなかったのだ。あらゆる偉大な様式が通り過ぎていったが……建てられた日そのままにそれらは残っている。それらの中世の建物は、何も特別な個性はないけれど、それらは本当に建っているのだ。*3

最初は構造に、やがて建築へと移ったミースの関心はそもそも、生来の好奇心と、親の影響と生まれ育った環境の建築環境からの印象とに結びついた能力の産物であった。

　一八九九年、一三歳のときミースは教会附属学校を出て地元の実科学校へ進み、父親の用立

*3　Peter Carter, "Mies van der Rohe, An Appreciation on the Occasion, This Month, of His 75th Birthday," *Architectural Design* 31 (March 1961), p. 97.

てくれた奨学金で二年間学んだ。この間、地元の建設業者のところで煉瓦積みの徒弟として訓練を受けている。他の徒弟と同様、ミースは雇い主から支払を受けなかった。しかし、彼も家族も金が必要であったため、一五歳のときに、室内用の漆喰装飾を専門とするマックス・フィッシャーのところへ働きにいくことになった。ここでミースはフリーハンドのドローイングの才能を花開かせる。後年、面白げにそしてわざとらしく恐ろしげに思い出すのをミースは好んだ。その事務所でルイ一四世風の石膏装飾の実寸大画を作るのに午前中を費やし、午後は、ルネッサンスの落ちついたディテールを描くのに終わっていたのだ。すぐに彼は、一番難しい柱頭部分でもそっぽを向いたまま描けるという、同僚たちを楽しませ、怯ませるような離れ技を身につけたのである。[*4]

図面というはっきりしたことは除いて、漆喰装飾のデザインは、ミースの知性にも何か他の能力にも、向上の力とならなかった。しかしフィッシャー工房での経験によって、地元の建築家の仕事を見、その二、三人と身近に働けるという好機を得ることができた。フィッシャーのところでの三年間の後、ある建築家の事務所でドラフトマンとしての仕事を得、建築家として望まれるような技術を学び始めたのである。アーヘンでミースを雇った二人の建築家（最初は姓のみ伝わっているゲッペルス、次がアルベルト・シュナイダー）の一人はベルリンの事務所とも協同で仕事をしていた。この協同作業からミースは、ケーニヒスベルクから来た建築家、デューロウ（名前は分かっていない）と知り合う。彼の経歴、経験、そして興味はミースよりも幅広く洗練されていた。デューロウこそ、ベルリンで仕事を探すようミースを励ましたのである。そしてそれに先立つシュナイダーの事務所での出来事が、深く、いつまでも印象として残っている。ミースによると、こうだ。

＊4 "Mies Speaks. 'I Do Not Design Buildings, I Develop Buildings,'" *Architectural Review* 144 (December 1968), p. 451.

シュナイダーのところで、製図台を割り当てられた日に、机を掃除していたら一冊の『ツクンフト』誌（未来という意味）を見つけた。それはマクシミリアン・ハーデンが出している雑誌で、ラプラス理論に関する小論文が一緒だった。私は両方とも読んだが、両方とも私にはからきし高尚すぎた。でも、私は興味を禁じえなかった。で、それからは毎週というもの『ツクンフト』を買い、できるだけ注意深く読んだ。これが、私が抽象的なことに注意を向けるようになった始まりさ。哲学。そして文化にね。[*5]

『ツクンフト』誌を読んで心に生じたことに匹敵するものを、ベルリンが彼のキャリアに及ぼした。到着して二年たたぬうち、ブルーノ・パウルという、木材を評価しこの素材を感受性豊かに用いることで知られた建築家・デザイナーの事務所に雇われた後で、ミースは独立第一作の注文を受けた。ベルリンのノイバーベルスベルクのリール邸（一九〇七年）である（図1・1）。近隣の住宅建築で広く行き渡っていた伝統に沿って、そのデザインは、簡素なマッスに切妻屋根を載せたものであった。付近の邸宅群から傑出しているのはミースがこの住宅を配置した方法で、斜面を巧く使っており、同様にプロポーションやディテールへのはっきりとした関心もきわだっていた。ある評論家はこの住宅竣工の少し後に書いている。「この作品は申し分なく、若い建築家の独立第一作とは誰も想像できないほどだ。[*6]」

リール家をよく訪れた客に、アデーレ・アウグステ・ブルーン（一八八五〜一九五一年）という裕福な産業家の娘がいた。リール家で数多く催された社交的な集まりのあるとき、彼女とミースとは紹介された。二年間の交際の後、一九一三年四月一〇日に二人は結婚し、上層中流階級の住むベルリン郊外のリヒターフェルデに居を構えた。少したってミースは母の旧称ローエを変形させて自分の姓にくっつけ、ルートヴィッヒ・ミース・ファン・デル・ローエとなっ

＊5 ドキュメント・フィルム、*Mies van der Rohe*, 監督ゲオルギア・ファン・デル・ローエ（ミースの娘）、後援 Knoll International, Zweites Deutsches Fernsehen, Mainz, 製作 IFAGE Filmproduktion, Wiesbaden. English version, 1979. (German version, 1980.)

＊6 "Architekt Ludwig Mies: Ville Des ... Prof. Dr. Riehl in Neu-Babelsberg," *Moderne Bauformen* 9 (1910), pp. 42-48.

図1・1　リール邸、ベルリン・ノイバーベルスベルク、一九〇七年

た。ドイツ語で「ミース」とは「気分が悪い、貧しい、悪い、みじめな」を意味する。みじめという意味を持っている姓名が職業上の業績にかかわる、否、それによって妨げられるということは、ミースにとって芳しくなかったのだろう。このいささか見えを張るような姿勢にもかかわらず、いつまでもミースとして、友人たちや仲間内、そして学生たちにも知られたのである。ごく近しい家族以外はルートヴィッヒと呼ばなかった。そして彼はごく格式ばった機会にのみルートヴィッヒ・ミース・ファン・デル・ローエと名乗り、彼のことを良く知らない人々からそう呼ばれたのである。その作品の質が世界的に認められるようになって、「ミース的」という言葉はなんとも皮肉なことに、厳密、洗練、エレガンスといったことと同義語として受け止められるようになった。

一九〇八年から一一年という揺れ動いた時期、ミースはペーター・ベーレンスの事務所に雇われ、当初はベーレンスの助手ヴァルター・グロピウスの下で、そして後にベーレンス直属で働いた。今世紀初頭、ベーレンスはヨーロッパで最も影響ある建築家であり、シンケル学派の指導的メンバーでもあった。シンケルは一九世紀ドイツの代表的な新古典主義建築家であり、その影響は二〇世紀にも十分引き続いていた。ミースが事務所にやってくる直前にベーレンスはAEG（ドイツ語でゼネラル電気会社といった意）の「芸術アドバイザー」に就いていた。この地位の下、ベーレンスはその会社のすべてをデザインした。それはレターヘッドや製品の電灯、はてはそれらの製品を作りだす工場にまで及んだのである。

ベーレンスの作品の美学的な幅の広さは、ミースが在職中に従事した数々の建物のうちの二つに表されている。まず、ベルリンのAEGタービン工場（一九〇九年）は産業革命の申し子の建物、そしてロシアのサンクト・ペテルブルクのドイツ大使館（一九一一〜一二年）はシンケルの手にかかったかのような厳めしい新古典主義の建物である。この大使館では、ミースは

プロジェクトの責任者として、この作品の監理のために現場を足しげく訪れた。この職のゆえに、彼は二度にわたりベーレンスの怒りを買い、個人的にも美学的にも自由が欲しいという望みが大きくなることに結び付く緊張の引き金となった。プロジェクト責任者としてミースは地元業者と、ベーレンス自身の契約よりもかなり安く話を付けたのである。さらにミースが怒らせたのは、この大使館のインテリアについて頭越しにジャーナリストと話し、その計画案が正式な政府の承認のないまま記事になったのだ。[*7] しかしながら、二人の職業上の関係が終わりを告げたのは、建設費の高い安いとか、情報の承認のあるなしなどよりも、もっと深刻な出来事のせいだった。ある仕事をめぐって、事務所を辞めることになるのだ。

一九一一年、オランダのA・G・クレラー夫妻はベーレンスと、住宅設計を契約した。そのときすでにミースは大使館に忙殺されていたのだが、ベーレンスは彼を、このクレラー邸のチーフアシスタントに任じた。ベーレンスが施主に提案した建物は、そのコンセプトもディテールも新古典主義的なものであった。しかしながらそれは不格好な構築物で、そのマッスの扱いもぎこちなかった。クレラー夫人（旧姓ミュラー）はベーレンスのデザインが気に入らなかった。女房の気持ちを和らげようと、クレラー氏は現地にそのデザイン案の、木材に帆布を張った実物大模型を作らせた。クレラー夫人は躊躇したままであった。にもかかわらず彼女はミースに感銘を受けており、この邸宅の第二案を用意させるべく彼をハーグに招いたのである。夫妻の広範囲な絵画コレクションのための、美術館のようなものであった。ミースによるクレラー邸（しばしばクレラー＝ミュラー邸と呼ばれることもある）案も、やはり現地に実物大で作られた（図1・2）。ベーレンスのデザインと同様に彼のものも断られた。しかしながら、ミースの解答は、ベーレンスよりも簡潔でよりエレガンスなものであり、シンケルの作品の明解さや力強さを、真似しているというよりも消化して、はっきり表現している。

図1・2　クレラー＝ミュラー邸案、オランダ・ヴァッセナール、一九一二年、透視図

*7　Franz Schulze, *Mies van der Rohe : A Critical Biography* (Chicago, 1985). 澤村明訳『評伝ミース・ファン・デル・ローエ』鹿島出版会一九八五年、p. 58.

ベルリンに帰るや、ミースは建築実務の独立を再開し、上層中流階級家庭にごくふさわしい住宅を数々設計した。これらにはミースがシンケルの教えを理解し評価していたことがはっきり明示されているものの、新古典主義の形態やディテールを後に拒絶することの前兆ともなっている。新古典主義という手段で働き続けることは、工業技術時代に相応しい表現という建築についてベーレンス事務所で教わったことを拒むことを意味する。ミースにはこれができなかった。それ以上に、二人の人物が、その作品によってミースに影響を与え、新古典主義と訣別させたのである。フランク・ロイド・ライトとヘンドリック・ペトルス・ベルラーへである。

ライトの大規模展覧会が一九一〇年にベルリンで行われた。この展覧会は、ヴァスムート社によるライトのドローイングと初期作品との作品集の出版に歩を合わせたものだった。この一九一〇年にライトの作品がミース自身を含めたヨーロッパの建築家たちに及ぼした影響について、展覧会から三〇年後にミースは語っている。

この偉大な巨匠の作品は、並々ならぬ力を持った建築の世界を、明澄な語り口を、そして当惑するほど豊かなフォルムを、示していた。とうとうここに、建築の紛れもない根源によって立った名匠が現れたのだ。真の独自性をもって、その造形を世に問うたのである。ここに再び、長い空白のすえ、真に有機的な建築が開花したのだ。それらの力作を学び摂取すればするほど、彼の比類ない才能や構想の大胆さ、そして思想と行動の独自性への感嘆は深まるばかりであった。彼の作品から発するダイナミックなほどの衝撃はあらゆる世代を励起した。彼の影響は、たとえそれが実際には目に見えないものであっても、ひしひしと感じられたのである。*8

*8 Philip Johnson, *Mies van der Rohe* (New York, 1953), p. 201.

オランダに滞在した間にミースはベルラーへの作品の数々を目の当たりにした。中でもとりわけ、アムステルダム証券取引所（一九〇九年）は特別意義深かった。死の前年のインタビューでミースはベルラーへの作品の衝撃を語っている。

（一九一一年に）ベルラーへの証券取引所には非常に感銘を受けた。ベーレンスは、全く過去の遺物だ、という意見だったが、私は彼に言ったものだ。『さて、ひどい思い違いがなければですがね。』彼の怒ったこと。私を殴ろうとするかのようだった。私がベルラーへに最も興味を惹かれたのは、彼の、骨組に忠実な、注意深い構成だった。それに彼の心構えは古典主義とは無縁なものだった。歴史的な様式とも関係なかった。ベルラーへに倣って、私も自分自身をシンケル流の古典主義から引き離そうと苦闘しなければならなかった。*9

ある意味で、それはミースにとって決して勝つことのない闘いであった。シンケルの作品の大いなる真理、その教えを学ばずにはいられなかったのである。そしてシンケルの熟成した作品と同じように、ミースのものも、そのすべての次元におけるディテールと職人芸とに対する深い関心によって特徴づけられているのだ。ミースの建物は、シンケルのものと同じく、その敷地に見事に収まっている。そして、彼らの作品には、どの時代にも属さないような永遠たる資質があるのだ。にもかかわらず、彼らの建物はそれぞれの時代の、表現そのものであり、具現であり、反映である。これこそ、彼らをかくも偉大にした資質なのだ。

第一次世界大戦の前から戦争直後までのミースの単独作には、ベーレンスとシンケルの影響の結びつきがはっきり見られる。ミースにとって、ベルラーへとライトの作品からの教えを統

＊9 "Mies Speaks"（注4）p. 451.

合ないし消化するにはさらに時間がかかったのである。構造に関するベルラーへの信念の力強さとか、ライトの建築空間の開放性とかが、ミースによる五つの先駆的計画案に宣言されるのは、二〇年代のはじめのことである。ベーレンス、ベルラーへ、シンケル、そしてライトについて、彼らの影響が集合して、ミースの内に、工業技術の時代にふさわしい建築についての考えを呼び起こした、と言うことができる。そしてそれは、ミースが自作に明確に表現しているものの、彼の「恩師」たちは誰も個人的にはなしえなかったのである。[*10]

　この五つの計画案、二つのガラスのスカイスクレーパー案（一九二一～二二年）、鉄筋コンクリート造オフィスビル案（一九二二～二三年）、鉄筋コンクリート造田園住宅（一九二三年）、そして煉瓦造田園住宅（一九二三～二四年）は、そのコンセプトも定義も、表現も独特なものであった。その線に対する感覚と独自性や価値、材質感、ミースのドローイングは対象として描いている建物とも同等である。思想とテクニックの間に不一致は存在しない。この二つを一つにしている建築哲学の基となる主題は、ミースの建築を理解するための基本になるものである。二〇世紀においては、技術が、建築と社会とに息吹を与える最も重要な力であるということだ。ミースはこれを、「IITにおけるあいさつ」（一九五〇年）で言葉にしている。「技術が真に成就されているところでは、建築へと移し換えられるのだ。[*11]」しかし一九二四年という時点では、建築と、時代の中で占める位置との関係をミースは前提としていた。

*10　アンドレ・ジッドの言葉。「影響は何も産み出さない。呼び起こすのだ。」

*11　この文章は、Johnson（注8）p 203.

　古代ギリシアの神殿やローマのバシリカ、中世のカテドラルなどはわれわれにとって、その時代全体の創造物として意義があるのであって、個々の建築家の作品としてではない。誰がそれらの建造者の名前を尋ねるだろうか。それらを造った人々のたまたま個性など、何の意味があるのだろうか。こうした建物はその性質そのものによって個人というものを超越しているのである。それらはその時代の純粋表現である。その真の意味は、それらがその時代の象徴である、ということだ。

　建築は、空間に移し換えられた時代の意志である。この簡単な真理が明確に認知されるまでは、新建築は不安定であやふやなままである。そのときまで、方向の定まらない混沌とした力のままでなければならない。建築の性質とは、というような疑問こそ、決定的に重要である。すべての建築はその時代と緊密な関係であって、その時代の仕事の中でのみ、またその時代というメディアの中でのみ、はっきりと宣言されうるということを理解されねばならない。他の時代ではそうはいかないのだ。[*12]

＊12　Ludwig Mies van der Rohe, "Baukunst and Zeitwille," *Der Querschnitt* 4 (1924), pp. 31-32.

　この移し換え論、技術に対するほとんど形而上学的な姿勢こそ、ミースの作品を同時代人とは一線を画しているのである。この資質、この姿勢は、一九二〇年代半ばから末までの、グーベンのヴォルフ邸（一九二五〜二七年）およびクレフェルトのエスタース邸とヘルマン・ランゲ邸（一九二七〜三〇年）といった住宅群には、ただ示唆されているだけである。シュトゥットガルトのヴァイセンホーフジードルングのアパートメント（図1・3、4）によって、鉄骨架構が間取りを各居住者の自由に変えられるようになったというふうに、一九二七年には技術自体も姿を表しつつあったものの、その前のベルリンのアフリカ通り公営アパートメント（一九二六〜二七年）は、堅い煉瓦造の壁式構造であって、そういったことはまだであった。一九二九年のバルセロナ博におけるドイツ館においてミースは初めて、三次元的に、技術を移し換えた姿の本質にたどり着いたのである。

　この世界博の開会式の場でスペインの国王女王が臨席する儀式に供したことを除けば、このバルセロナ・パビリオン（図1・5）には、実際の建築用途がなかった。しかし、その細やかさや洗練ぶりによって、このパビリオンはドイツの工芸技量や工業の化身であり、二〇世紀技術の象徴であった。これにはミースの作品における重要な発達が二つ表現されている。「フリープラン」と連続空間である。フリープランの中、壁は荷重を支えるという機能から放たれ、空間における板ないし軽い膜になる。ミースは語る。「ある夜遅くまで（バルセロナ・パビリ

図1・3　ヴァイセンホーフジードルング、シュトゥットガルト、一九二七年九月二一日

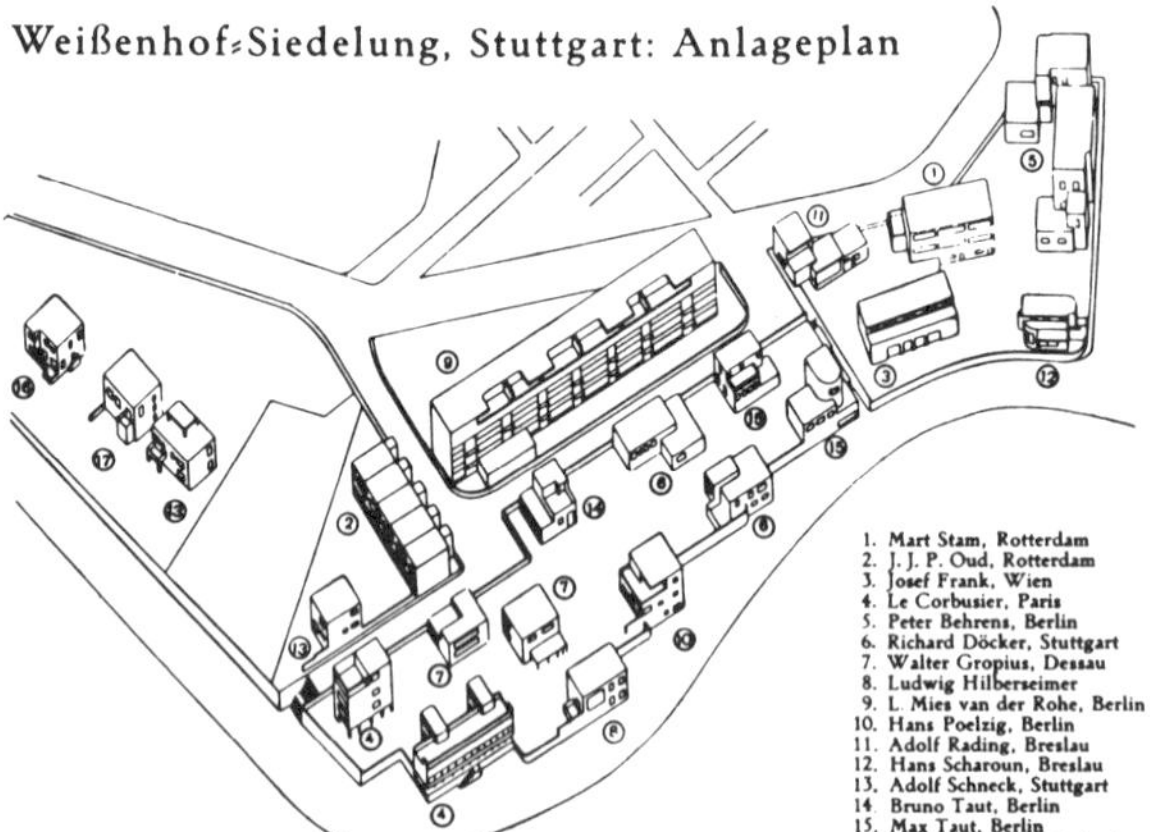

図1・4　ヴァイセンホーフジードルング、建物配置とその作者一覧

オンを）考えていたとき、フリースタンディング・ウォールのスケッチができた。ショックだった。それが新しい原理だと判ったのだ。[*13]」ミースがバルセロナ・パビリオンで打ち出したもう一つの理念は、連続体として存在する空間である。それはメビウスの輪のような性質であり、このパビリオンの中を進むにつれ、当初屋内だと感じていたものが実際には屋外となるのだ。床や屋根、そして壁体は空間を包み込むのではなく、区切るのであり、その存在を明解にし、分節する。その結果、このパビリオンは構造の明解さをはっきりと見せているのだ。と同時に、これは空間の曖昧さでもある。この曖昧さをさらに深めるかのようにミースは、このパビリオンに二対のドアを取り付けている。内部と外部を分離するためのこの伝統的な建築部品は、公式の写真では取り外されている。ただ、床と天井に取り付くヒンジが、その存在を密告してくれるのだ（図1・6）。

この博覧会の建築について、批評家たちは、「モダンな」建物において伝統的でリッチな材料（ローマン・トラバーチンや、ティニアン大理石、古風な緑色の大理石、黄褐色の縞瑪瑙）をミースが使ったことに困惑していた。同時代の批評家としてはただ一人、ヘレン・アプレトン・リードはミースの意図を理解した。アメリカの読者に向け、リードは記している。「出品した国々の中で、ドイツだけが、その産業と文化の状況を、近代的な姿で象徴していた。」特にミースの作品については、以下のように書いている。

急進的な合理主義者として、そのデザインを美しい建築に対する熱情によって抑制している。近代建築家として、その理論を、不毛な機能的型式を越えて、のびのび自由な美しさへともたらしえた数少ない建築家に含まれる。素材の、また空間の配置こそ、そのエレガントな静謐さという効果を生みえた因子である。美しい素材とテクスチュアへの愛情を作

＊13 "6 Students talk with Mies," *North Carolina University State College of Agriculture and Engineering, School of Design Student Publication* 2 (Spring 1952), p. 28.

品の中に明示することで、この偏愛を強調しているのである。[*14]

王家来訪に備えてミースのデザインした椅子が、今や有名なバルセロナ・チェアで、二〇世紀の神話的存在となった。これに先立つ金属管による家具、MRチェア（図1・7）と同じく、カンチレバーの原理を開拓したものである。他の建築家やデザイナーたちもこれを作り上げようと試みたなかで、ミースは首尾よく成功を納めたうちの一人であった。ミースの職業上の協力者、リリー・ライヒが、MRチェアに籐を張ることや（図1・8）、またMRラウンジチェアのひだ付きの布巻のクッションを示唆したのである。[*15]

ミースの空間と建築についての考えが初めて実用的かつ功利的な手法で、しかしながら詩情ある姿で造られたのが、トゥーゲントハット邸（一九二八〜三〇年）である。この二層の住居の下層部、すなわち主リビングは大きな一つの「部屋」として扱われている。この空間を独立したオニックスの板とエボニーの曲面壁とによって区切り、さらに、ミースのデザインした家具を、建築としての意味を想定して配置することによって機能を分節されている。トゥーゲントハット邸では、「部屋」とか「機能」の伝統的な定義は意味を失っている。「空間」と「機能的」が新しい意味を引き受けている。ミースの作品を評価しようと評論家たちが試みるにつれ、彼らのそれまでの基準や定義の限界が明らかになっていった。「トゥーゲントハット邸に人は住めるか?」という問いに答えて、住むという概念さえ変化し、新しい意味をまとったのである。建築家で評論家でもあるルードヴィッヒ・ヒルベルザイマーはバウハウスでもその後のIITでもミースの同僚となるのだが、ミースの作品を深く洞察して理解していた。彼にとってこの邸宅の意義は、この建物特有の用途上の諸要求に対する特定の解答にあるのではなかった。むしろ、この家の意義は、「その特定の解答へとたどりついた（実現した）手法（建築

図1・5　バルセロナ・パビリオン、一九二九年

図1・6　バルセロナ・パビリオン、ドアを取り付けた状態での室内

*14　Helen Appleton Read, "Germany at the Barcelona World's Fair," *Arts* 16 (October 1929), pp. 112-113.

*15　ミースのライヒとの関係は複雑だった。彼女は、彼が職業的に一緒に働いた唯一の女性であった。証拠からすると、妻と別れた少し後、一九二七年遅くか二八年初めに彼とライヒは恋人となったと思われる。ミースの仕事における彼女の影響は、インテリアや家具での材質や色調の使用に対する助言に限られていた。彼らの関係が始まる前には、すでにミースは一人前の建築家であったし、自分の建築原理を本質的にはっきり打ち出していた。ライヒの影響は理論面よりもむしろ、そうした一九二七年以前にミースがただ表現し始めていた理念を、色彩、材質感、家具に応用することであった。

的手段)」に横たわっていたのだ。[16] その特定であるよりも、一般的な性質のほうが、ヒルベルザイマーにアピールしたのである。

一九三〇年、そのヨーロッパにおける経歴の頂点にあってミースは、グロピウスが一九一九年に設立したデッサウのバウハウスの三代目、そして結局最後の代となった校長に就いた。バウハウスにおける教育哲学は、二つの重要な、そして相互関連したコンセプトに基づいていた。芸術家と工芸家には、個々の状況に応じた美的で機能的なニーズを満たすべき責任が与えられているということである。そして機械については、生産のための基本的な道具であって、大量生産への技術と結びついたことで、工業化された社会にふさわしい製品(すなわち実用的な身の回り品とか、家具、壁材、織物、宝飾品など)の展開の中で用いられるべきなのだ。ミース就任の後、この学校設立以来取り巻いていた問題は政治的な状況によって悪化していった。一九三二年にミースはデッサウのバウハウスを閉じることを余儀なくされ、数カ月の後、ベルリンに私立学校として再開する。一九三三年八月、学校は再び閉校に追い込まれた。ただし、このときは教授陣の決断であった。ナチス党が再開に際して要求した条件は、この学校の教育上の自由とイデオロギーの保全との息の根を止めるものであったのだ。

続く数年の間、ミースにはほとんど建てられなかった。家具の売上からの著作権料、そしてわずかな注文によって糊口をしのぎながら、一連のプロジェクトに取り組んでいた。特に興味を惹かれるのは、壁で囲んだ中庭を持つ平屋の住宅を考えた、膨大なスタディである(図1・9)。これらはこの建物型式への純粋な関心を示すだけでなく、第三帝国治下での生活からの無意識ながら次第につのる逃避と孤立とを示唆してもいるのだ。ナチス党がドイツの日常のすべての面をコントロールするようになるにつれ、モダニストと目される建築家やデザイナーを召しかかえることを、施主たちは思いとどまらされたり、あからさまに邪魔されたりしたのである。

*16 "Die Bewohner des Hauses Tugendhat aussern sich," *Die Form* (November 15,1931) : 439.

図1・7　MRチェア、一九二七年、クロームメッキ・チューブに緑の皮張り

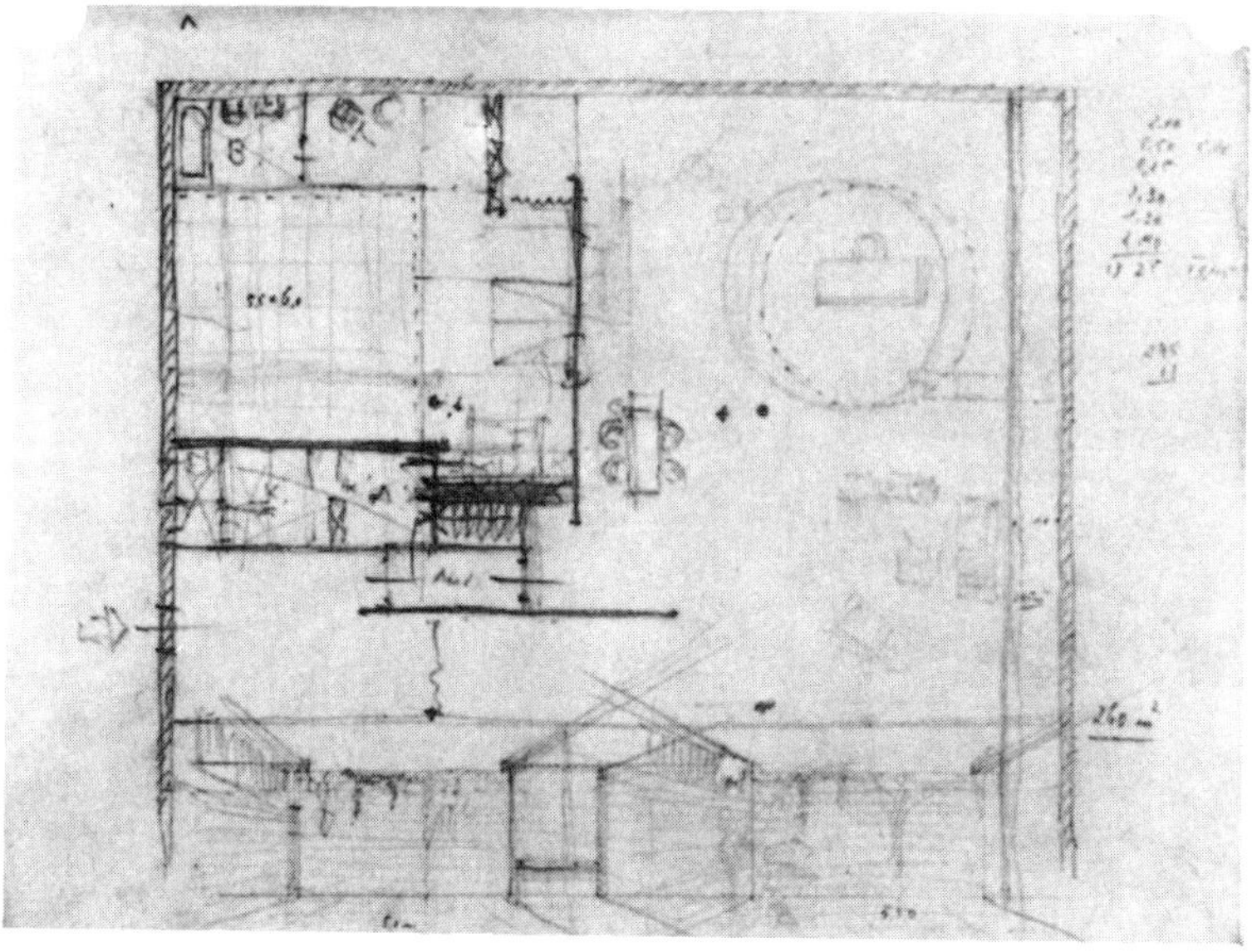

図1・9　ミースの平面とパースのスタディ、二つの中庭を持つ住宅案、一九三四年頃

図1・8　籐張りのMRチェア、一九二七年

ミースもその中に含まれていた。公的な面でミースの作品は、第三帝国の目標や価値観と相容れないと断じられた。一説によれば、ミースが一九三四年に提案した一九三五年のブリュッセル万博のドイツ館案はヒトラー自身によって拒絶されたという。[*17] もう一つの設計競技、一九三三年のベルリンの帝国銀行本部案も、ミースのものが最終選考の六案に残りながらも、同じ運命をたどった。

ミースは、自分の生活はもちろん芸術上の自由を保つためには、ドイツを去らねばならないようだという事実を次第に受け入れざるをえなかった。[*18] 可能性はいくつかあった。まず最初、一九三六年ベルリンで、ハーヴァード大学のジョセフ・ハドナット学部長が建築学部のデザインの教授の席について打診した（グロピウスも尋ねられ、最終的に彼が就任する）。そしてフィリップ・ジョンソンの口添えで、一九三七年ミースはスタンリー・レザー夫妻の招きでアメリカを訪れる。レザー夫妻はミースに、ワイオミング州のジャクソン・ホール近くに所有する土地にゲストハウスを設計させたいと望んでいた。このミース在米中に、シカゴでも著名な建築家で、アーマー工科大学建築学科主任選考委員会委員長を務めるジョン・A・ホラバードがミースをシカゴに招き、約束できるかどうか話し合ったのである。主任の席が申し入れられ、ミースは受けた。彼はドイツに戻り、すばやく後事を託し、一九三八年早くにアメリカへと出帆した。

ミースがシカゴへ移ったことは宿命であったかのようである。シカゴで彼は、自分自身のものに似た建築表現の伝統、そして建物の伝統を目にした。彼自身は正直に認めていないにせよ、自分の作品と同じような構造的明解さと表現への関心と技術的根底とから、「シカゴ派」が現れてきたことに、はっきり気づいていた。シカゴ派が彼の建築に直接影響しているのかどうか尋ねられたとき、ミースはいささかドライに答えている。

＊17 Sergius Ruegenberg, "Ludwig Mies van der Rohe (1886-1969)," *Deutsche Bauzeitung* 103 (September 1, 1969), p. 660.

＊18 バウハウスにおけるミースの教え子Howard Dearstyneによれば、一九三七年には今にもミースは逮捕されそうだったという。バウハウスを取りまく問題については、参照、Howard Dearstyne, *Inside the Bauhaus* (New York, 1986).

シカゴ派については本当に何も知らない。いいかい、歩かないんだ。仕事の行き帰りはいつもタクシーだからね。ほとんど街を見てないな。[*19]

＊19 Kuh（注2）p. 61.

別のインタビューで、フランク・ロイド・ライトとルイス・サリヴァンについてせがまれたときには、こう答えている。

サリヴァンがやったことをわれわれがやることはないだろう。時代が異なれば、見る目も違ってくる。サリヴァンは依然ファサードというものを信じていた。それはやはり時代遅れな建築だ。構造体だけで十分なものになりうるとは考えなかった。今のわれわれは我らが時代を目指している。そして建築を構造体だけで造ろうとしている。ライトと同じなのだ。彼はサリヴァンとは違っていたし、また同じ理由によって、われわれはライトとは違っているのだ。[*20]

＊20 Carter（注3）p. 115.

アーマー工科大学でミースは、建築教育の新しいカリキュラムを開発するよう、全くの自由を与えられた。彼が主任として勤めたこの後の二十年間に渡ってこのカリキュラムは展開して行き、ミースとその学科との教育アプローチが、グロピウスのバウハウスを移植したものではないことが明らかになった。シカゴはヴァイマールでもデッサウでも、ベルリンでもなかった。新しい土地には異なったアプローチが望まれたのである。[*21]

ミースがシカゴにやってきてから二年とたたぬうちにアーマー工科大学は、シカゴのもう一つの学校、ルイス大学と合併し、イリノイ工科大学（IIT）となった。IIT初代学長のへ

＊21 Ludwig Mies van der Rohe, "Address to the 37th Association of Collegiate Schools of Architecture Annual Convention", *Journal of Architectural Education* 7 (Summer 1951), pp. 13-15.

ンリー・ヒールド博士はミースに、新しいキャンパスの全体計画を用意し、さらに校舎をすべて新しく設計するよう求めた。これはほとんど前例を見ない好機であった。ヴァージニア大学以来、一人の建築家にキャンパスすべてを委ねられることはなかったからである。いくつかの点で、ミースの場合はトーマス・ジェファーソンのときよりも複雑だった。シャーロッテヴィルの処女地とは違って、IITのキャンパスはシカゴのサウスサイド地区の既存市街地に苦労して入れ込まなければならなかった（図1・10）。一九四〇年には、この、かつては流行に乗った高級住宅地もスラムと化していた。新キャンパスを、この街区を再生するための手段として、ヒールドはIITの理事会に、アーマー工科大学の既存敷地に隣接する新キャンパス用地の取得開始を勧告した。三千を越える個別の所有地を買いまとめなければならなかった。この買収では遅々として長引くであろうことから、ミースはこのキャンパス計画を何年という単位ではなく、十年単位で考えなければならなかったのである。

ミースがこの課題を分析したところ、教室や研究室、事務室をまとめられるように自由度の高い、モデュールないし配置方法の採用が浮かび上がった。こうした反復可能なモデュールは、建設面で効率的で経済的でもあった。さらに、これらの状況から、自由度と経済性を求めて鉄骨構造の使用が考えられた。しかし、この構造がはっきり表現されているのは、それまではごくまれなことであった。ミースにとって、「構造の明解な表現のみが、永続しうる解決を与えてくれる」のであった。[*22] このキャンパスの建物のうち初期のものは時代遅れになって行くのではないかと尋ねられて、ミースは答えている。

その恐れはない。このコンセプトは二つの理由から時代遅れになることはないだろう。これは急進的であり同時に保守的である。この現代の科学的技術的な推進力や持続力を受け

＊22　Carter（注3）p. 105.

図1・10　IITキャンパス、シカゴ、一九四一年、最終案のフォトモンタージュ

入れているという点で急進的である。科学的な性格を持っているけれども、科学的ではない。技術的な手法を用いているが、技術ではない。保守的なのは、用途に関与しているだけではなく、意味にも関与しているし、また機能だけでなく表現にも関与していることである。建築の永遠なる法則に基づいているという保守性なのだ。すなわち、秩序、空間、プロポーションである。[*23]

このキャンパスのマスタープランの第一案の特色は、最終案と同じく、この敷地の短辺方向を走る中心軸に対称に、主要棟を配置していることである（図1・11、12）。しかし、個々の建物はお互いに非対称になっている。IITのプランには、大学にありがちな中庭を持つ四角い建物のような囲い込むとか内包するというような感覚は見当たらない。そこには常に、空間的な連続性が感じられ、ミース流に言えばそれが「より大きな全体」である。建物とオープンスペース、既存の街区構成が、ばらばらな部品としてではなく、一体の概念として考えられているのだ。

大学の新しい建物の第一号は、鉱物金属研究棟（一九四二〜四三年）で、このキャンパスについてのミースの展望の適切さだけでなく、より大きな秩序というものへの理解をも示している。この研究棟は鉄骨骨組を塗装して露出しており、内外壁とも工場生産ガラスか煉瓦をはめ込んでいる。この建物が竣工した直後に、ある批評家は書いている。「近代建築を奉じる人々にとっては特別な関心がある。なぜならミース・ファン・デル・ローエのこの国における実現第一作であるからだ。これまでのヨーロッパでの建物と同じく、この研究棟も、その構造と素材の扱いにおける究極の簡素性によって際だっている。[*24]」

この大学の建物のために受け入れていた法則の中でミースは、圧延アングル、C型鋼、I型

*23 同右。

*24 "Metals and Minerals Research Building, Illinois Institute of Technology," *Architectural Forum* 79 (November 1943), p. 88.

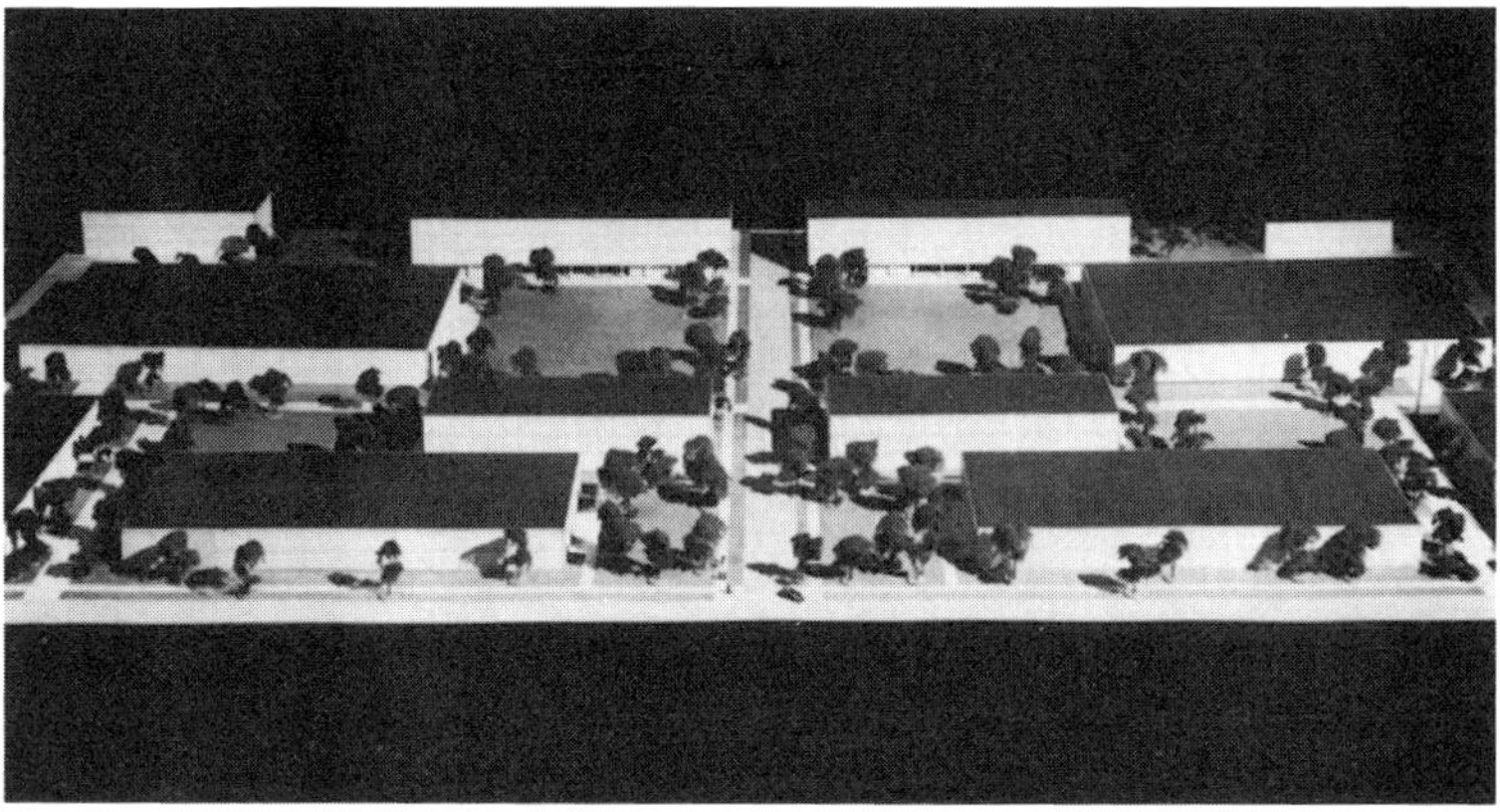

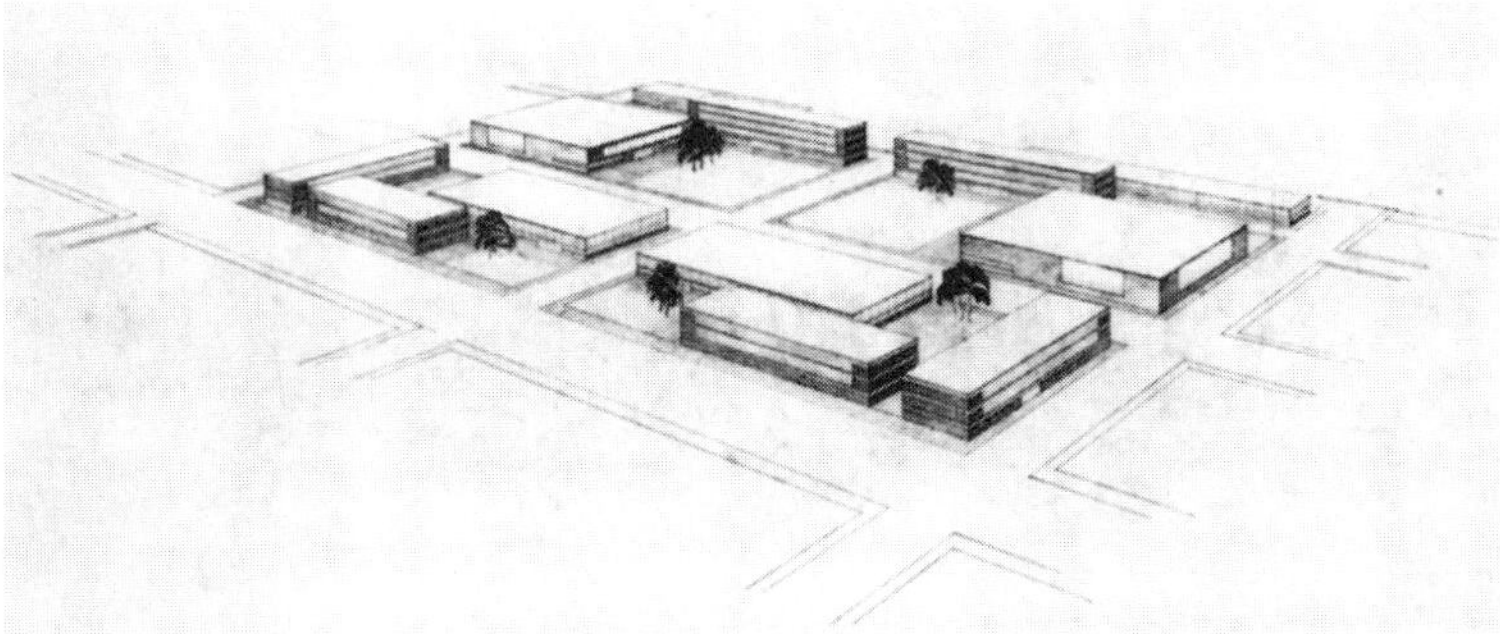

図1・11　IITキャンパス、一九三一～四一年、初期案

図1・12　IITキャンパス、一九三一年頃、初期デザイン

鋼の梁とH型鋼の柱というヴォキャブラリーによる新しい文法を洗練した。そうして、社会が彼にもたらしてくれた手法から、新しい建築言語を創り上げたのである。フィリップ・ジョンソンはミースの図書館・事務棟案（一九四四年）について言及している。「かつて石の柱頭やフレスコ画に注ぎ込まれた技巧と眼識のすべてによって、鉄と鉄、あるいは鉄とガラスないし煉瓦を接合している。*25」

第二次世界大戦が終わり、続く二十年間のアメリカだけでなく世界の建築の道程を築く作品を創り出す人物としてミースが浮かび上がった。一九四七年にはニューヨークの近代美術館でミースの作品展が行われ、彼の名声を確立した。しかしながら、この展覧会当時の評論から、ミースの建築はあまねくアピールしたのではないことも感じられる。

> ミースは、ごく洗練された知性に訴える……（彼の）作品には、恐ろしくなるような何かがある。決定的で明解なヴィジョンが、野卑で誠実ではないものをすべて払拭し、堂々たる簡素性へと帰結するのだ。*26

ミースがイリノイ州のプラノに建てたファーンズワース邸に対する同じような批評は、時の試練に立ち向かうものではなかった。『ハウス・ビューティフル』誌の編集者エリザベス・ゴードンは、この住宅の施主、ノースウエスタン大学医学部教官のエディス・ファーンズワース博士にインタビューしていた。ゴードンのレポートによれば、彼女は「今、幻滅の底に沈んでいる、高い知性を持つ婦人と話し合った。七万ドル以上も費やしたワンルームの建物が、高床のガラスの箱に過ぎなかったのだ*27」。ファーンズワース博士はこの建設費に満足できず、ミースを契約違反で訴えた。そして敗れた。彼女は不満のはけ口を公開の場へとねじ曲げることを選

*25 Johnson（注8）p. 138.

*26 Peter Blake, "Ludwig Mies van der Rohe," *Architectural Forum* 87 (November 1947), p. 132.

*27 Elizabeth Gordon, "The Threat to the Next America," *House Beautiful* 95 (April 1953), p. 129.

図1・13　ミース・ファン・デル・ローエ、一九四七年のニューヨーク近代美術館展でファーンズワース邸の模型を見る

図1・14　ファーンズワース邸のテラスにて、左から右、ローラ・マルクス、ヴァルトラウト・ミース・ファン・デル・ローエ、ブルーノ・コンテラート、イリノイ州プラノ、一九五一年

び、ゴードンは彼女の事例を近代建築に対する誹謗を作り出すのに利用したのである。

ファーンズワース邸（一九四六〜五一年）をもって、ミースは居住建築の性格や概念を根本から変えてしまった。この住宅は、被覆しない八本のH型鋼の柱で支えた屋根スラブと床スラブによって構成されている（図1・13）。ガラスで包み込まれた居住空間の中に、固定された要素はたった二つしかない。その二つのうちの大きなほうが設備コアで、台所、浴室二つ、機械室、そして暖炉を含んでいる。この囲い込まれた空間の中に、このコアが非対称に配置されることによって、リビング、ダイニング、そして就寝といった領域を区切っている。もう一つの固定要素はワードローブで、リビングと就寝領域を互いに仕切っている。この敷地は定期的に洪水に見舞われるため、ミースはこの家の床を地上より約一・六メートル持ち上げている（図1・14、15）。これによる散文的な結果は、居住空間の浸水からの防御である。詩的な効果として、それまでの彼の作品の中ではただ示唆されていただけの、空間感覚や軽さがあった。そして、建築空間の存在の感知をさらに高めんと、ミースは構築物の両端部で屋根スラブと床スラブを柱からカンチレバーで出している（図1・16）。仕上げは簡素で、静謐、控え目に終始している。名匠の眼識と感覚がすべてに行き渡り、環境と一体になった工芸品としてこの住宅を鑑賞するのに妨げとなるディテールはどこにもない。一九八一年、ファーンズワース邸がアメリカ建築家協会（AIA）から名誉ある「二五年賞」を受けたときに、審査員の建築家クレイグ・イールウッドは述べている。「われわれがなすべきは、このファーンズワース邸を、現在われわれが建築と呼びならわしているナンセンスなものと較べてみることだけだ。真理の中の真理は、これがある、ということだ。[*28]」

一九四六年のあるとき、ファーンズワース邸の仕事のごく初期段階のころ、ミースはハーバート・グリーンウォールド（図1・17）に出会った。この出会いとそれに引き続く二人の交友

＊28 "Mies' Farnsworth House Wins 25 Yr. Award," *American Institute of Architects Journal* 70 (March 1981), p. 9.

図1・15 洪水時のファーンズワース邸、一九五〇〜五一年

図1・16 ファーンズワース邸

とが、アメリカの都市建築に深く永続的な衝撃を及ぼしたのである。三十歳という歳の差にもかかわらず、この二人は哲学への深い関心を分かち合った。グリーンウォールドはシカゴ大学でその分野を学んでいた。二人とも、それぞれなりに理想主義者だった。ミースは建築を芸術という領域に引き上げようと欲していた。グリーンウォールドは、二〇世紀技術という枠組と、建設コストや土地開発コストという経済的現実性との中での、最良の建築を建てんと望んでいた。一九五九年にグリーンウォールドが飛行機事故で死んだときにミースは偲んでいる。「グリーンウォールドは自分の仕事の社会的結果を考えながら始めた。仕事を進めるにつれ次第に、自分がビジネスの才に長けていることに気づいたのである。[*29]」

彼らの努力の皮切りであるシカゴのプロモントリー・アパートメント（一九四六〜四九年）に続いて、ミースはシカゴのレイク・ショア・ドライヴ八六〇番地と八八〇番地に建つ二棟の高層アパートメントの仕事を始めた（一九四八〜五一年）。これは世界で初めての、ほとんど鉄とガラスだけで建てられた高層アパートメントである（図1・18）。建築の新しい時代の序曲となったのであり、その仕上げのレベルによって、アパートメント建築についての新しい洗練の基準を打ち立てたのである。驚いたことに、単位面積あたりに換算して、同時期にシカゴで建てられていた在来工法のアパートメントよりも五％から一〇％もコストが低かったのだ。[*30]

数多くの他のアパートメント、とりわけレイク・ショア・ドライヴ九〇〇－九一〇やエスプラネード・アパートメント（一九五三〜五六年）を建てている間に、ミースとグリーンウォールドは、ミースの友人でＩＩＴの同僚のルートヴィッヒ・ヒルベルザイマーと協同で、二つの大規模な都市再開発に着手した。デトロイトのラファイエット・パーク（一九五五〜六三年、グラティオット・パーク開発とも呼ばれる）と、シカゴのハイド・パーク計画である。実現したのはラファイエット・パークだけであるものの、どちらの計画も、都市という織物の再形成

＊29　Peter Carter, Mies van der Rohe at Work (New York, 1973), p. 177.

＊30　"Apartments ...," *Architectural Forum* 92 (January 1950), p. 70.

を通して生活の質が向上し魅力的になるような手法を念頭に置いている。ラファイエット・パークでは、この開発用地の長手方向に緑地を貫いて、それに隣接させて一、二層の連続住宅と高層アパートメントを建設する方法を採っている（図1・19）。自動車は外周部に止めるようになっており、その結果、歩行領域に自動車が入ってくることはない。オープン・スペースと広々とした景観によって、ラファイエット・パークはデトロイト中心部近くに最高の郊外生活をもたらしたのである。ハイド・パークのプランはラファイエット・パークと較べると、理論面よりも適用面で異なっている。居住可能な住居は残し、格子状の街路パターンは修正して、

図1・17　ハーバート・グリーンウォールド、一九五四年頃、背後はレイク・ショア・ドライヴ九〇〇－九一〇アパートメントの模型

図1・18　レイク・ショア・ドライヴ八六〇－八八〇アパートメント、シカゴ、一九四八～五一年

自動車通行を居住地区を通り抜けるのではなく周回するはずであった。居住不可能な建物は、連続住宅と高層アパートメントに建て替えられ、公園や緑地を造る用地を生み出すのであった。

図1・19　ラファイエット・パーク、デトロイト、一九六三年

二次元的に見ると、ラファイエット・パークの連続した緑地はミースのかつてのＩＩＴキャンパスのプランを想起させる。建物が屋外空間を区切ってはいても囲い込まない、というものである。低層の連続住宅と高層アパートメントの組合せは、ＩＩＴで見られなかった垂直方向の空間の広がりを作り出している。遠くから見ると、アルフレッド・コールドウェルの修景によって、高層ビルが青々とした自然な景観の中にあるかのような印象を受ける。合衆国における都市再開発の歴史は失敗をまき散らしてきただけだが、ラファイエット・パークは違う。これは未来の都市造りのモデルである。人間的な価値観を基にした新しい構成物であり、車と調和しながらもそれに支配されることはないのだ。

明らかにラファイエット・パークとハイド・パークは、プランニングという課題において、ミースの連続空間という概念を用いたことを表している。しかし、ＩＩＴキャンパスのクラウン・ホール（一九五〇～五六年）の完成まで待たなければ、類似した概念を、ミースが大規模の大スパンの建物に、「ユニバーサル」スペースとして明解に表現することはなかった（図1・20、21）。かつてのブリュッセル万博ドイツ・パビリオン案のごく平べったい形態に、その一九三四年という早い時点で既に大スパンの建物の建築的な含蓄を考えていたということが読み取れる。一九四二年のコンサートホール案も、また一つの例である。ブリュッセル・パビリオンは大きな、柱の立つホールとなるはずだった。コンサートホールは堂々たるプロポーションの鉄骨構造体であった。クラウン・ホールの一二〇フィート（約三六・五メートル）というスパンはつつましいものだ。それでもユニバーサル・スペースのための可能性を呈するには

図1・20　建設中のIITクラウン・ホール、シカゴ、一九五〇〜五六年

図1・21　クラウン・ホール

十分な大きさであり、さまざまな活動や機能を調和させながらも、連続空間の実存に物理的な形態を与えうるのである。大スパン構築物を展開させていったその頂点は、シカゴ・コンベンション・ホール（一九五三〜五四年）であろう（図1・22）。計画では、この巨大な構築物は七二〇フィート四方（約二一九メートル四方）である。厚さ三〇フィート（約九・一メートル）の鉄骨のプラット・トラスを三〇フィート間隔で並べ、五〇万平方フィート（約四万六千平方メート

ル）の空間を柱なしで覆う。このコンベンション・ホール案によって、ミースの空間類型学は完成した。しかし、このコンベンション・ホールの規模に匹敵するユニバーサル・スペースの実現は、西ベルリンの新国立ギャラリー（一九六二〜六七年）の竣工によって成し遂げられただけである。

この建物の用途は、絵画や彫刻を随時展示する大空間と、常設コレクションを陳列するやや小さなギャラリーが望まれていた。後者のギャラリーは基壇ないし基礎の中に位置し、一緒に事務室や倉庫、作業室、設備機械室等も収められている（図1・23）。結果として、この新国立ギャラリーはひとり、西ベルリン・ケンパープラッツの文化センターの中、他の建物から離れて立っている。この孤立は特別である。人工のアクロポリスに立つ芸術の神殿なのだ。ミースの建物のすべての中でこの新国立ギャラリーは、もっとも古典的な感覚であり、そしてもっとも不朽のものである。

新国立ギャラリーによって、ユニバーサル・スペースという考えの開拓と洗練は頂点を極めた。同じように、ニューヨークのシーグラム・ビルこそ、高層オフィスビルについてのミースの基調演説である。ミースにとって、この建物型式の真髄たる表現の探究は一九二一年に始まる。一九二二年に書いた中で、この建物型式に関する問題点を描いている。

スカイスクレーパーは、その建設中に大胆な構造軀体を露呈している。そのときにこそ巨大な骨組は圧倒的な印象を与える。一方、外壁が取り付けられると、この印象は消え、すべての芸術的設計の基盤である構造的性質は否定される。それらは、無意味で平凡なフォルムのカオスに負けてしまう。これらの建物が完成したとき、その印象はただ大きさだけである。しかもそれらはわれわれの技術力を証明するだけである。つまり、われわれは新

しい課題を解決するのに古い手段を使えないのである。新しい形態は、新しい課題の真の性質、本質から由来するほうがはるかに良い。[*31]

歴史家で評論家のルイス・マンフォードはシーグラム・ビル（図1・24）をたとえて書いている。「ピラミッド――この建物は、芸術と技術のすべての源泉を極め、その人間的な意味と全く不釣合いな視覚的効果をまとっている」[*32]。論証できることだが、都市生活への貢献という点で、ニューヨーク市に造られたシーグラム・ビルとそのプラザは、その象徴的価値よりもさらに重要である。建物をパーク・アヴェニューから下げ、敷地の半分近くをオープンスペースとすることで、建築法規で要求される大きなセットバックをミースは回避した。その結果産み出されたプラザは実際よりも広々としている。というのも、ミースが敷地境界線を越えて、街路と歩道をも全体構成に組み込んだからである。五三番街や五四番街に平行に置かれたベンチも、パーク・アヴェニュー沿いの緩い階段もプラザ空間を区切るほどは高くもないし、強いものでもない。ただ、道の反対側に窮屈に詰め込まれた建物群だけが、そうしているのだ。

シーグラム・ビルはまず第一に一つの理念の記念碑であり、そして第二に一つの会社にとっての記念碑でもあるが、都市生活の資質に対して一つの姿勢を、それまでそういった姿勢を与えられなかった時代の中で、作り出したのでもある。あるタクシー運転手は、レヴァー・ハウスを見、そして道の反対側のシーグラム・ビルを見て、つぶやいた。「コピーってのは普通、オリジナルより先に建つってことはないんだがなぁ。[*33]」そしてそのプラザは、堂々と、ぜいたくで、素晴らしく人間的であり、この街でもっとも成功したオープンスペースとなった。一九八四年にＡＩＡが「二五年賞」をシーグラム・ビルに授け、建築と都市のデザインに対するミースの貢献を、公式に認知したのである。その受賞理由の中で、審査員は言及している。「完

図1・22　コンベンション・ホール案、シカゴ、一九五三〜五四年、フォトモンタージュ

図1・23　新国立ギャラリー、ベルリン、一九六二〜六七年

＊31　Ludwig Mies van der Rohe, "Hochhausprojekt für Bahnhof Friedrichstrasse in Berlin," *Frühlicht* 1 (1922), p. 122.

＊32　Lewis Mumford, "Skyline : The Lesson of The Master," *New Yorker* 34 (September 13, 1958), p. 148.

＊33　一九六六年、ＩＩＴ助教授であったMyron Goldsmith によるクラス討論から。

成から二五年が過ぎ、その絶えることのない活力と静かな美とを完璧に保っている。そして依然として、見る人すべての、中で働く人すべての心と想像力との内に特別の位置を占めている。また、未だ頭を悩ましている都市デザインという問題に対する輝かしい解決の称賛となっているのだ。[*34]」ところでミースにとって、このシーグラム・ビルは他の作品と根本的に違うものではなかった。

私のシーグラム・ビルへのアプローチは、他に私が建てようとするどんな建物とも違わない。私の考え、と言うよりも私のたどる「方向」は、明解な構成と構造である。これは、どれか特定の課題ではなく、私の手がけるすべての建築課題に適用される。実際私は、特定の建物には個々の性質が必要だという考えには全く反対である。むしろ私の信ずるところでは、建築が努力して解決すべき全般的課題によって決められてきた普遍的な性質を表現すべきである。

シーグラム・ビルでは、ニューヨークに建てられるため、また私の建てる初めての大きなオフィスビルであるため、この計画の展開のために二種類のアドバイスを求めた。一つは、望ましい貸室のタイプといった、最良の不動産に関する助言であり、二つ目はニューヨークの建築法規に関する専門的なアドバイスである。私の方向を確立し、またこうした助言によって、そこから後は、ただ一生懸命打ち込むばかりであった。[*35]

ミースの職歴はシーグラム・ビルの竣工をもって頂点に達した。あまたの栄誉が授けられた(図1・25)中で、一九六〇年、AIAのゴールド・メダルが、この業界における格別の功績を表して与えられた。この一年前にも、イギリス王立建築家協会から最高の名誉、やはりゴー

*34 "The Seagram Building Wins AIA's 25-Year Award," *American Institute of Architects Journal* 74 (April 1984), p. 15.

*35 Carter(注29)pp. 61-62.

図1・24 シーグラム・ビル、ニューヨーク、一九五四~五八年

ルド・メダルを受け取っている。アメリカ建築に対する貢献と、シカゴの連邦センターという作品（一九五九〜七三年）とに対して、一九六三年にはジョン・F・ケネディ大統領がミースを合衆国大統領自由勲章受賞者に選んだ。この最後の賞は、合衆国の戦後を象徴する最良の建築作品を創りだした者に対する、功績と洗練とに価値を置く者からの、格別にふさわしい贈り物であった。ミースはこれに深く感動した。これこそ、彼の作品を認めるのが同業者の仲間内だけに留まらず、大衆にも広まったことを示していたのである。

一九五八年、職業的には頂点のとき（図1・26）、ミースはIITの建築学科主任を辞した。大学キャンパスの建築家の地位は保たれることを全く期待しながら、自分のエネルギーのすべてを作品に費やすべく事務管理的な責務から逃れることを望んだのである。IITはこの機会を、ミースと全く縁を切るために使った。ル・コルビュジエも含めた建築界からの抗議にもかかわらず、大学の敷地整備のために別の建築事務所が雇われた。この動きに個人的には怒りもし失望もしながら、外向きにはミースは哲学的にしていた。不完全な作品、未完成な考えに目をつぶらなければならなくなったのである。

今や伝説的となっていた我慢強さで、ミースは己が建築像を、流行や評論家を無視して、追究した。彼の作品が基準となって、他の建築家の作品が測られた。しかし多くの建築家たちはミースの基準をあまりに厳しいと感じていた。シカゴの建築家、ハリー・ウィーズは記している。「ミースはわれわれの良心であり続けるが、近頃は誰が彼の良心に耳を傾けるだろう。[*36]」しかし、この態度に気づきながらも、同時に当惑しながら、ミースは語っている。「目が覚める。ベッドに座って考える。『くそ、何が悪いんだ？　何をやるべきか見せてやったのに。[*37]』」ミースが齢を重ねるにつれ、彼の作品に対する反動的な批判は、次第に否定的なほうに大きくなっていった。死の直前、自分の作品に対するこうした態度について論じている。

＊36　"Affirming the Absolutes," *Time* 87 (February 11, 1966), p. 58.

＊37　Arthur Drexler, *Transformations in Modern Architecture* (New York, 1979), p. 4.

私は技術社会のための建築を作ろうとしてきた……すべてを明解で筋の通ったものにしたかったし、誰でもできるような建築にしたかった……私のやることを『冷たい』と言う人もいる。おかしなことだ。コップのミルクなら温かいとか冷たいとか言える。しかし建築には無理だ。しかし、建築に飽きてしまうことはあるだろう。私は、周りにいるこうした連中に飽き飽きしている。論理も理性もない。[*38]

*38 "Affirming the Absolutes" (注36) p. 61.

ミースが論理と理性に重きを置いているのに驚くことはない。技術とともにその二つが、彼の作品を決定し分節するうえで重要な役割を演じていた。論理と理性は秩序のそれぞれ一面であり、それは、約五十年前にアーマー工科大建築学科主任の就任演説で宣言しているのだ。

図1・25 右から左、ミース・ファン・デル・ローエ、IIT学長ヘンリー・ヒールド、副学長レーモンド・スペース、ドイツのカールスルーエ工科大学名誉工学博士号授与式にて、シカゴのアンバッサドール・イースト・ホテル、一九五一年

図1・26 ミース・ファン・デル・ローエ、ヒューストン美術館カリナン・ホール開館式にて、一九五八年一〇月

どのような決定もそれぞれの秩序へとつながる。

それゆえ、いかなる秩序原理が可能であるかをはっきりさせ、それらを明解にしなければならない。

機械的な秩序原理は、生活における唯物主義的機能主義的要因を強調し過ぎるということを認識しよう。なぜなら、われわれの求める価値や品位と目的とのために手段があるのだ、という感情を満足させることができないからだ。

しかし、理想論的な秩序原理は、その理想と形式とを強調し過ぎる嫌いがあり、単純な現実への関心も現実的な感覚をも満足させない。

われわれは、部分部分それぞれの、そしてそれらと全体の完璧な関係を成し遂げるための手段としての有機的な秩序原理を強調していくべきである。

そしてそこに、立脚すべきなのだ。

素材から発し、機能を経て、造形的作品へと至る長い道程にはただ一つのゴールしかない。われらが時代の絶望的な混乱の中から秩序を創りだすことしか。

われわれは秩序をもって、それぞれの物事にその性質に従ってそれぞれふさわしい場を調整し与えなければならない。

これを完全に遂行することによって、われわれの創造世界は自ら花開くであろう。

それ以上は望むこともないし、望みえないことなのだ。

この、われわれの仕事の意味と目的を表現するのに、聖アウグスティヌスの意味深い言葉ほどふさわしいものはない。すなわち、『美とは真理の輝きである』[*39]。

*39 Johnson（注8）pp. 199-200.

ミースは一九六九年八月一七日、シカゴで死んだ。ひっそりと、しかし厳かに、グレースランド墓地に葬られた。ルイス・サリヴァンを初めとするシカゴ建築界の指導者たちの眠る場所である。同年一〇月二五日、親類や友人、同僚に卒業生たちがＩＩＴのクラウン・ホールに集まり、追悼式を行った。参会者たちは、彼の死による喪失感を表現するほどには、その死を嘆きはしなかった。三年前にミースがアメリカ建築家協会シカゴ支部ゴールド・メダルを受賞したさい、グラハム美術研究財団の理事長でミースの年来の友人でもあったジョン・エンテンザが述べた賛辞は、故人の徳を称えるのにも十分なものである。

他の場所で、他の人物の場合であれば、このような際には、長々しい業績のリストを朗読したりするのだろう。しかし、何と言っても、ありがたいことに、ここにいるのはプロの集まりであり、われらが偉大なる同業者の経歴に関してはご存じのことと思っている。その上で職業上だけでなく道徳的にも立派であると数え上げることは、同席の中で未だそのようなことをやっていない人々を辱めるだけだろう。

偉大な人物をその業績によって称えるのは大変結構なことであるが、やはり重要なのは、完璧ではなかった成功をも知ることである。また、心ない権力や実質を伴わない虚栄、誠実な欲望ではない貪欲によって突き動かされる人々の、取るに足らないつじつまの合わない愚行によって苦しめられたに違いない、失意の時を知ることである……

ミース・ファン・デル・ローエはあまりに静かに物事を成就した。他の人々がなぜそんなに騒がなければならなかったのか不思議なほどである。私自身、かくも卓越し意義に満ちた金字塔となった沈黙は知らない。

よらば大樹の陰へと向かいがちな中で、彼は無類の教養ある人間として、妥協なき理性を持ち、気まずくなるほど真理に近づくこともしばしばなのだ。何かを大目に見るよう求められることもなかった。そして、彼の釈明をしようと試みる者に対してもオリンポスの神々のように超然としていた。

何も言うことはないと決めたときには発言を拒み、素材を特徴づける手法によって右に出ることをほとんど許さなかった。しかし、これは確かなのだが、記録に残されていない輝かしい会話の素晴らしい夕べが幾夜もあったのに、ギブソン[訳注]のダブルを重ねるうちに流されてしまい、永遠に失われた。

私の知っている、あるいは耳にしたことのあるいかなる大人物よりも、彼は自分の作品のみによって判断されることを求めた。この偉大な人物の全貌を把握するうえで、誤解による判断や個人的な激情はないし、一般の不興もなく、誇張や疑惑の形跡もほとんどない。

確かに、彼の同時代には、雷鳴轟かせ揺さぶり動かして時と地の利を得た人々もいたが、しかしその誰も、ミースのように独特の驚くほど光輝く物事を成し遂げることはなかった。意義あふれる真理という最高の論理水準もなかったし、事実から必然的な理性へと、さらに絶妙な詩情あるバランスへと、なんとも感動的な進化を展開するような、精緻に働く知性もなかった。

したがって、もし私がシカゴの生まれであったなら、私は彼に知ってもらいたかったであろう。彼がここに住んだことをわが街がいかに感謝しているか、そして、シカゴの偉大な伝統を全うしただけでなく、その建築的良心であったことにも。[*40]

ミースの建築アプローチに際立っていたのは、すべての建築課題を、最も明解な、最も基本

訳注　ジンとベルモットのカクテル

*40　John Entenza, "The Presentation of the Gold Medal, Chicago Chapter, American Institute of Architects" (Graham Foundation for Advanced Studies in the Fine Arts, 1966), pp. 1-4.

的な形態ないし状態へと還元することであった。しかしながら、経済性とか目に映るまとめ方といった同じような資質が、彼の作品を理解し評価するのに最も大きな障害となっている。というのも、彼がほとんど書き残しておらず、自作を飾るべき言葉を公にすることはもっと少なかったからである。したがって、作品をそれ自体として見て、その内なる構造を見て、そしてその時代を具現し作品を特徴づけているその理念と価値とを追い求めざるをえないのである。結論として、ミースの作品に対する関心は、彼の生誕百年祭を期にブームとなったということを越えて続くであろう。最近の講演とか、最近の展覧会、最近の特集を越えて。何となれば、彼は個人的に非常に厳格だったし、彼の作品は全く非妥協的で、この時代の建築的な良心として続いているのだ。このことだけが、関心を惹き続けるに値しているのである。

第二章　ミースの作品におけるモダニズムと伝統について——一九二〇年－一九六八年

ケネス・フランプトン

かつてアドルフ・ロースは、建築家とはラテン語をちょっぴり学んだ石工であると言った。ロースは父親が石工であって、そして自分自身も建築を学ぶ前に石工として訓練したのであり、その彼と同じく、ミース・ファン・デル・ローエも伝統技能という経歴をたどっていた。一四歳の年から三年間、石工であった父親の下で徒弟奉公をしたのである。アーヘンの父親の仕事場こそ、彼が初めて石の扱い方を身に付けたのであり、そして生涯を通じて血肉に留まることになった。ミースはまた、一九歳でアーヘンからベルリンに移る前にもスタッコ装飾デザイナーの下で短期間働いており、こうした見習いと同じようなかたちで、続くベルリンでも雇われたのが、最初に木造を専門とする建築家、そして次が、有名なデザイナー、ブルーノ・パウルであった。

石細工から漆喰工芸、木工芸から家具製作といった、さまざまな工芸の追求の中で、ミースは早くに、美学的思考よりもむしろ工芸作品固有の感受性を強調する建築家・製作者として自分自身を確立した。この訓練からミースは、芸術表現は工芸の実践から直接に起こるべきであると考える心理的傾向を培った。彼の初めの姿勢はこのように、ウィーンの歴史理論家アロイス・リークルが、クンストヴォレンないし『形態の意志』として言及したものと、はっきり正反対であった。[*1] 彼が二一歳のときにベルリンのノイバーベルスベルクに建てた、独立第一作（アーツ・アンド・クラフツまがいのリール邸）からすでに、ミースの表現の控え目ぶりは明白である。この抑制が第一次世界大戦の勃発までの彼の作品の特徴となっており、その好例となるのが、一九一二年の先駆的なクレラー＝ミュラー邸案を含む、一九一二年から一四年まで設計し実現した、簡素で新古典的な計画案や受注作品である。

一生涯、伝統的工芸デザイナーであったブルーノ・パウルの下での年季が明け、一九〇八年にペーター・ベーレンスの下で働き始めるまで、芸術的意志ないしクンストヴォレンの実践と接触する機会がなかったと論ずることもできよう。明らかにミースはこのときまで、ユーゲントシュティールのデザイン志向ではなく伝統的な方向を受けとめていた。彼がベーレンスのオフィスに入ったときにこそ、ついにその下で芸術的な意志の力と触れたのである。この場合、ベーレンスに深く影響したカール・フリードリヒ・シンケルの作品によって例証されるようなロマンチック古典主義の威風堂々ぶりに手ほどきを受けたのだ。

この観点からすれば、ベーレンスの一九一二年のサンクト・ペテルブルクのドイツ大使館の現場監督としてのミースの役割は、決定的な経験であり多義的な体験でもあったに違いない。優良な職人技量と最高の工芸価値がくまなく保たれ、シンケルの精神とそして書状さえも始終参考にしながらも、それにもかかわらず全体作品はあまりにも手本に沿っていないものだった。この作品では、外周ファサードの切石積みの柱にはっきり表されているように、多くの点で非構造的な形態を実現している。ベーレンス流の重たいシンケル学派の手法の幾分かは、ミースの、一九一〇年のビスマルク・モニュメント案や、クレラー＝ミュラー邸のいっそう優美な輪郭にも明らかに見られるけれども、ミースはベーレンスの芸術的個性のより恣意的な側面から距離をおこうとしたようである。これらの初期ミース作品は、構成上のピクチャレスクに

＊1　Alois Riegl, *Spatromische Kunstindustrie* (Vienna, 1901).

もかかわらず、極限まで還元されたコーニスや簡素な切石積み基壇といった点で古典的である。

これが、一九一四年のミース・ファン・デル・ローエであった。ロマンチックな古典を追究する新進の建築家である。しかし第一次世界大戦のきびしい試練を経て、彼は、芸術的にがらりと異なる情念的な展望で現れることになる。初期の古典的形成が残るものの、一方で構造的な形態の規律が、他方で近代的な「形態の意志」が、この後の彼の作品の個性となる緊張を与えて行く。この分裂は、第一次世界大戦の終了に続くミースの活動にとって決定的な四、五年間から始まった。ミースは、豊かな手工芸的素材を使うことになるブルジョワからの注文を享受することで生活は全く古典へのつながりに頼りながらも、しかし西洋古典主義の独特な用法に再び従事することはなかったのである。まるで、近代化の現実と、初の近代工業による戦争という悪夢のような経験とが、彼の世代を決定的に変えたかのようであった。アーツ・アンド・クラフツ風住宅の有機的な平面・形態の住宅作品みたいなものも残っている一方で、とりわけ一九二〇年代の煉瓦造田園住宅案のような、特に近代的素材の「他者性」に焦点を当てた、戦後アヴァンギャルド風潮にミースも身を浸し、まるで、政治的文化的革命の見込みから と同じく技術や物質の変化という事実からも、この時代に勃興しつつあった急進主義が生じているかのようであった。

この観点からの究極の近代的建築素材は、大量生産される高品質のガラスであった。ガラスは戦争前にはすでに、いわゆるユートピア的な「ガラスの輪」というグループに参加していた人々、特にパウル・シェールバルトの書とブルーノ・タウトの幻想的作品および「ガラスの輪」の疑似表現主義者の仲間たちによって、黄金時代の素材として祝福されていたのである。[*2] この移り気な展開における正典ともいうべき二作品は、シェールバルトのユートピア的な散文

*2 ミースはこのサークルに属さなかったことは記しておく必要がある。

詩『ガラス建築』と、戦争の初年にケルンで開催されたドイツ工作連盟展のタウトによる「ガラスの家」である。シェールバルトがそのプロト＝ダダイズム的格言風な文体で書いている。「煉瓦の建物はわれわれを害するだけである。色ガラスは憎しみを破る……われわれは煉瓦の文化をあわれに思う。ガラスの宮殿がなければ生活は重荷になってしまう。*3」明白な現実の非物質化を成し遂げえた完全なガラス製の環境という前例のない建物によって、この世界観はそっくりそのまま純粋なものとなり、新しい精神性の表現となったのである。「ガラスの輪」という神秘的な、ある部分は世俗的で、ある部分は宗教がかった儀式を、花盛りのロマンチック古典主義という罪を贖うかのような考えと結び付けて論じることもできよう。シェールバルトの声明は、カスパル・ダーヴィト・フリードリヒ[訳注]の風景画を思い起こさせる。彼の描いた尖塔や十字架、船のマストは、森の高みから幸先よい蜃気楼のように立ち上がったり、あるいは、荒涼と立ちはだかる海の上の何かの前兆の幽霊のように揺らいでいたりするのだ。

一九二〇年代のミースのガラスのスカイスクレーパーなどのモデルはいつも、中世ユダヤ伝説の泥人形ゴーレムのような写真を背景にしていて、確かに幽霊のようである。この非物質化された、「ほとんど何もない（beinahe nichts）」の前兆のような特質を見つけられるのが、彼の一九二一年のフリードリヒ街オフィスビル設計競技案である（図2・1）。ミースによるこの建物の大きなクレヨンの透視画からわかるのは、ガラスそれ自体と同じく、物質化した非物質性ないし非物質化した物質性といった、全く文字どおり観点による矛盾である。この点からさらに、このケースにおいて、ミースの作品における古典主義（ないし伝統）とモダニズムとの明白な緊張が、この矛盾のなかで、部分的にバランスを保ち、また解決しうることもありえた。全面ガラスで覆われたほとんど特徴のない高層ビルという構造が、六十年前には全く急進的なものであったし、現象学的意味での実体としての素材というミースの認識もまたそうであ

*3 これらの抜粋は参照，Dennis Sharp, *Modern Architecture and Expressionism* (New York, 1966). シェールバルトによる全文は，*Glasarchitektur* (Berlin, 1914).

訳注 Caspar David Friedrich（1774-1840）はドイツ・ロマン派の代表的画家。

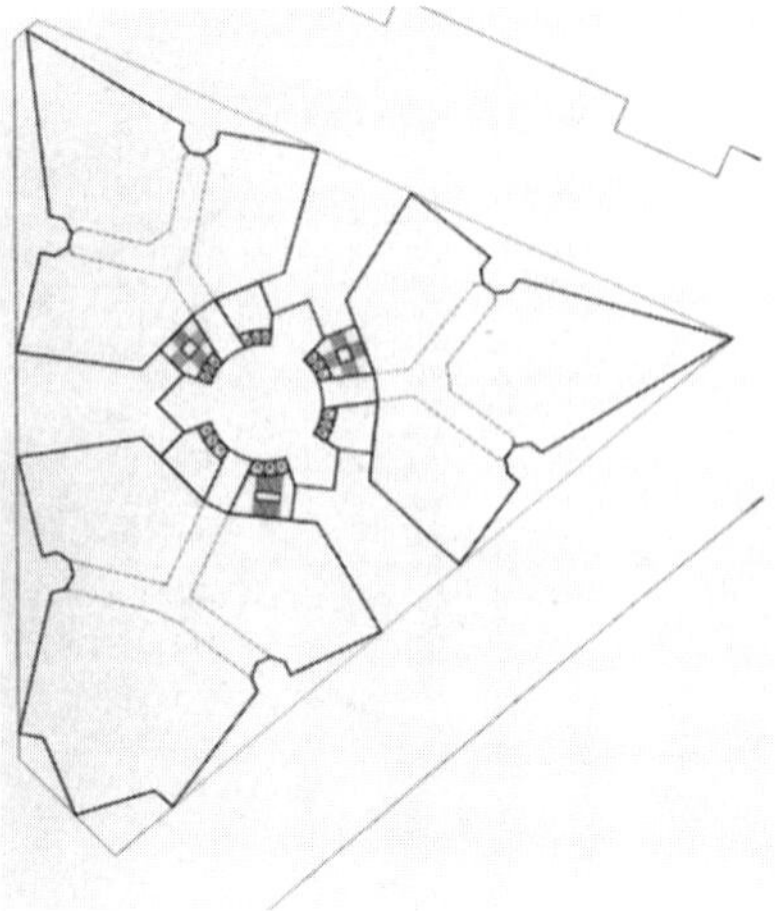

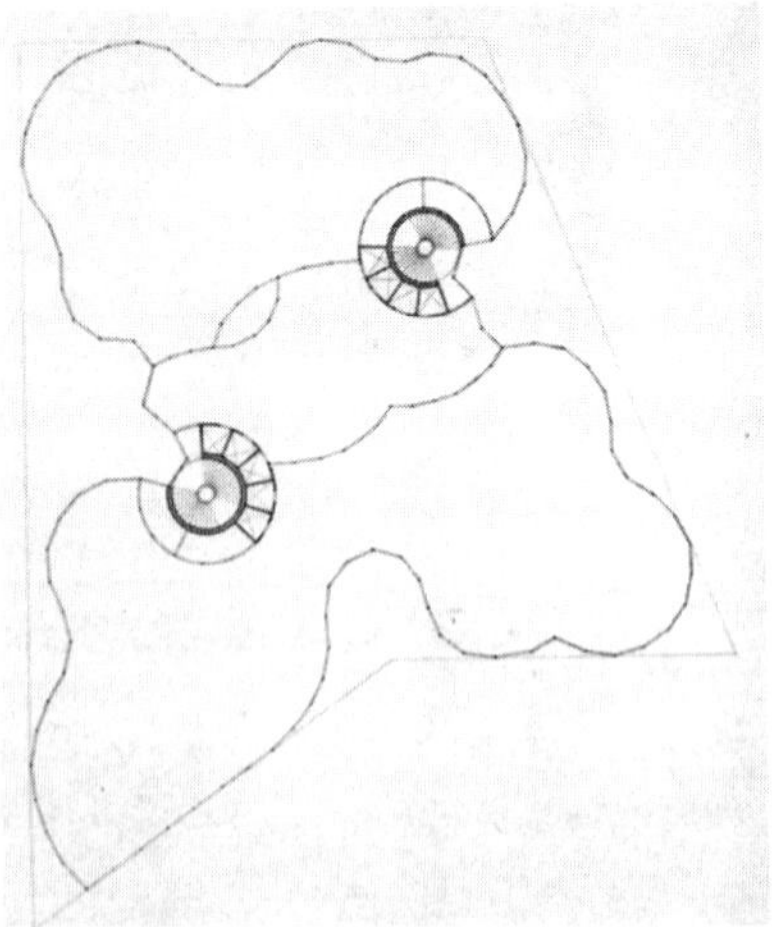

った。彼はガラスを、建築における概念と知覚の伝統的流儀を逆転してアプローチすべき新しい素材と見なした。これこそ、彼がフリードリヒ街のプリズムのような平面形（図２・２）を記述するために普通ならざる言葉を選んだ理由である。

> 私は、広すぎるガラス面の単調さを避けるために、それぞれのガラス面に少し角度を置いた。私は本物のガラス模型を研究して、この場合重要なのは光の反射の仕方であって、普通の建物のような明るさや陰影による効果ではないことを見いだした。
>
> これらの実験の結果が、この……（鉄とガラスのスカイスクレーパー案、図２・３、４）の計画に見られる。……ちょっと見ると、プランの曲がりくねった輪郭は、勝手な線のように見える。けれどもこの曲線は、室内の十分な採光、街路から見た建物の組合せの効果、そして最後に反射の面白さ、という三つの条件から決定された。[*4]

これと同じ鋭い感覚が、一九五八年ニューヨークに実現したミースのシーグラム・ビルにも確かに表されている。そこでは褐色のガラスが、石と同じような不透明で難しい性質であると示すかのようにブロンズの窓枠と共に用いられている。ミースの意図が明らかになるのはおそらく、この建物のデザインの最終前段に作られた全面金属模型で、そのガラスのカーテンウォールは金属板で表され、まるで金属の方立やスパンドレルと同じ次元の素材であるかのようだ。ここでは石とガラス、金属が同等に昇華したものとして扱われている。

続く数年のうちに、ミースの感受性にとってほとんどかすかな、しかし重要な変化が起こる。雑誌『G――基本的造形のための資料』誌の編集者、エル・リシツキー、ハンス・リヒタ

図２・１　フリードリヒ街オフィスビル案、ベルリン、一九二一年、透視図

図２・２　フリードリヒ街オフィスビル案、平面図

図２・３　鉄とガラスのスカイスクレーパー案、一九二二年、模型

図２・４　鉄とガラスのスカイスクレーパー案、平面図

＊4　*Frülicht* 1 (1922), pp. 122-24に当初掲載されたミースのガラスのスカイスクレーパー論の全文はPhilip Johnson, *Mies van der Rohe* (New York, 1947), p. 187参照。

ー、ヴェルナー・グレーフたちと知りあったのである。彼が近づいていったダダイズム・構成主義の近代世界観では、近代の技術と物質の形態という急進的芸術的な「他者性」しか、文化と生活の中に残っていなかった。

この、大都市での生活という疎外された状態は順応するにも冷たく、その状態自体が冷徹に産み出されており、そして近代工業による建設手法というほとんど人の気持を逆なでするほどの事実性の冷たい主張は、一九二三年の『G』誌巻頭に発表されたミースの鉄筋コンクリート・オフィスビル案（一九二二年、図2・5）に、はっきりとしすぎているぐらいである。この刊行にさいし、コンクリート、鉄、ガラス（Beton, Eisen, Glas）という言葉を修辞的にも活字でも強調した文章にして、ミースの唯物主義初期の客観性を言葉少なに表現している。ここでもまた、これに先立つガラスの摩天楼《スカイスクレーパー》のように、形態とか機能ではなく素材と技術が、この本質的な建築宣言を実現しているのだ。微妙な古典的「楽曲の終わり方」を導入すべく構造柱の上端をやや広げ、それ以外は抑揚のない構造グリッドとしていることを別にすれば、デザインにおいては、構成上導入されたものはほとんどない。ここに用いられている機能的と思われる規準についても、このビルの居住者にとっては最後まで全うできるものではなかったはずだと気づくときに、同じことを言える。コンクリートの片持梁構造の力強さと堅固さの論理的表現として立つ形態であったということは、その初めての出版物に載せられた文章から明白である。

素材はコンクリート、鉄、ガラス。

鉄筋コンクリート造建築はその本質上骨組構造の建築である。パスタでも、砲台でもない。柱と梁。耐力壁はない。いわば、骨と皮の建物である。

仕事場の使いやすい区画が建物の幅を決定する。一六メートル。もっとも経済的なシステムは、両側に四メートルの片持梁を持つ八メートルスパンの二列の柱であることが判った。梁は五メートル間隔におく。これらの梁が床スラブを支え、その片持ちで突き出した終端で垂直に折れ曲がってこの建物の外壁を形作る。戸棚がこの壁に取り付けられ、そのために室内中央における視界は保たれる。戸棚の上に、高さ二メートルの連続窓が走る。[*5]

*5　同じく、G 1(1922), p. 1 からの全文は Johnson（注4）p. 188 参照。

二つのことがこの出版物から明白である。ひとつは、ガラスの持つ透過する非物質性が、コンクリートという堅固な物質性に大きく置き換えられていることである。鉄とガラスのスカイスクレーパー案で半透明さを表現するのに用いられたクレヨンがここでは材質の不透明さを表現するために使われている。二つ目は、作品全体として、建築に対立するものとしての建物に議論上優位を置いていることだ。この優劣、後にノイエ・ザッハリヒカイト（「新即物性」）の建築家たちが持続させるもっと狭量なドグマに囲まれるようになり、ミースは拒絶することになる。

ノイエ・ザッハリヒカイトの機能主義と、ウラディミール・タトリンやクルト・シュヴィッタースの構成に見られるようなダダイズムの『(正常な場所から) 置き換えられた』オブジェの疎遠的効果との、双方に対するミースの感受性の近しさは、ベルリン・アヴァンギャルドの思想に対する彼の親近感を示している。しかしこの親近感にもかかわらず、この建物は、美学的な操作よりむしろ、主として構築的な手順として自身を主張するはずであった。以下の文章は『G』第二号に載せられたもので、このことをはっきり明らかにしている。

われわれは形態の問題を認めず、ただ建物の問題を考える。

形態は、われわれの仕事の目的ではなく、結果にすぎない。

形態は、それ自体のみで存在することはない。

形態を目的とするのは形態至上主義であり、われわれは拒絶する……

本質的に、われわれの仕事とは、建物の現実を美学的思弁から解放し、本来あるべき姿に直すことである。それこそ、建物である。*6


この文章の一部を構成している『G』グループの典型的な美学主義攻撃から離れ、ここにミースは、近代住居への簡便で技術上実用的な形式を展開できるような、本質的な活用例を追い求めていたようだ。疑似イタリア風の、陸屋根で煉瓦造のヴォルフ邸（一九二五〜二七年、図2・6）を選んでみると、ミースは一時的に、伝統を重んじる伝統主義とモダニズムとの摩擦を解消している。そうすることで、ミースはもっぱらガラスないしコンクリートによって計画された構造の極端な議論の展開から回帰し、かつて父親から学んだような注意深く積み上げる煉瓦構造という、工芸伝統を手中にしようとしている。ミースが一九二〇年代に実現できた住宅は堅く、ブルジョア用の、煉瓦造で、可能な限り最高の質のものであった。

このように、ヴォルフ邸（図2・7）の、ピクチャレスクに非対称な構成とか、カンチレバーで思いきり持ち出したコンクリート屋根の論法といったものがあるにもかかわらず、その基本プランは大部分を細胞のように部屋を区切った保守的なものである。つまり、どう見てもこれはフリープランではない。ヴォルフ邸の主要な部屋は、対角線に沿ってつながっている。同じことが当てはまるのが、一九二七年から三〇年にかけてクレフェルトに建てられたランゲ邸とエスタース邸である。両住宅の一階にまたがる視覚的連続性は、互い違いに並ぶ喫煙室とリビングルーム、ダイニングルームという空間を分割する、スチールサッシと板ガラスの二重ド

*6　G 2 (1923)の文章はJohnson（注4）p. 189参照。

図2・5　鉄筋コンクリート・オフィスビル案、一九二二〜二三年、透視図
図2・6　ヴォルフ邸、グーベン、一九二五〜二七年
図2・7　ヴォルフ邸、平面図

アによって中断されている。同時に、ヴェルナー・ブレイザーが一九二四年の煉瓦造田園住宅案で使われた煉瓦積みのパターンを復元して見せたように、煉瓦を露出させる扱いは、各々のケースとも同じである。寸法やプロポーションはすべて基本の煉瓦寸法に沿っている。ヴォルフ邸、ランゲ邸、エスタース邸の三作は、一九三〇年代のウルリッヒ・ランゲ邸とフッベ邸の両案と共に、今日のミースの再評価にとりわけ適切である。彼のドイツ時代初期には、一般に認められているのよりも、はるかに複雑な意図性があったことを教えてくれる。つまり、モダニズムの情熱に影響されたのと同じぐらいに、伝統的な構築価値にも打ち込んでいたのだ。

　これら煉瓦造の住宅には古典から遠いものはなく、塗り込めずあらわにされた煉瓦積みの構造の存在によって、たとえその壁と開口とがたまたまコンクリートのような一体の可塑的な実体から作られたかのごとく細工されているにしても、伝統的な建築文化という標題の下に入れられている。これらの住宅にはミースが大いに称賛していたオランダの巨匠H・P・ベルラーへの構造合理主義はあまり見られないものの、そのディテールの手法や建設方法によって、構築的に鍛錬された作品として確立している。フィリップ・ジョンソンによれば、ミースは煉瓦の大きさから全寸法を計算するほどであっただけではなく、焼きの足りない長い煉瓦を焼き過ぎの短いものから取り分けて、その違いを埋め合わせるように組み合わせることまでやったのだ。*7 ミース自身、その人生の後段になって語っている。

> 二つの煉瓦が注意深く置かれるとき、建築は始まる。
> 建築は文法の規律を持っている言語である。
> 言語は散文のような通常の日々の目的のために使われうる。
> そして本当に良ければ、詩人となれるのだ。*8

*7　Johnson（注4）p. 35.

*8　Walter F. Wagner, Jr., "Ludwig Mies van der Rohe: 1886-1969," *Architectural Record* 146 (September 1969), p. 9.

ミースの人生における最初の絶頂期は、一九二一年から三一年にかけて実現した三つの小さな珠玉の作品と共にやってきた。すなわち、一九二九年バルセロナ国際博のドイツ・パビリオン（近年再建）と、一九三〇年チェコスロバキアのブルノに建てられたトゥーゲントハット邸、そして一九三一年のベルリン建築博の展示住宅である。これら三作はすべて、おのおの独立する柱と板状要素とから成る風車状の空間アレンジによって、ミースの建築レパートリーに自由平面が突如持ち込まれたことが明らかにされている。このプラン・リブレ（ここではル・コルビュジエに由来するものとしてこのように呼ぶ）のミース独特の水平的解釈は、このバルセロナ・パビリオンの場合よりも純粋かつ教育学的扱いになることはない。

バルセロナ・パビリオン（図2・8、および平面は図5・8）を分析するには必ず、非対称に独立する板状要素と共にこの構成におけるもっとも活発な空間要素を形成している、八本の独立柱から始めなければならない。典型的な近代の作品として通常扱われるものにも、古典あるいは土着からの比喩がいかに潜在しているかは、すでに見ることができた。八本の柱は正方形グリッド上に規則的に、それが支える屋根スラブに対して対称におかれ、古典のベルヴェデーレの比喩として読めるとも思われ、それに対し、非対称におかれるフリースタンディング・ウォールとガラスのスクリーンとによってほのめかされる空間の姿は、ミースもよく知っていた一九〇八年シカゴに建てれらたフランク・ロイド・ライトによるロビー邸（図2・9）に代表されるような凝縮し拡張されたアーツ・アンド・クラフツ住宅への論及として読みうる（参照、一九四〇年にミースが書いたフランク・ロイド・ライト評価[＊9]）。

もしミース独特の感受性をより厳密に理解するところまでたどりつこうとするならば、この体勢の論及して行く多様性から要求されるのは、モダニズムとか伝統主義といった漠然とした

＊9　フランク・ロイド・ライトの一九〇八年のロビー邸は典型的な「頭と尾のある」アーツ・アンド・クラフツ住宅平面の一変形として見ることができ、そこでは頭も尾も引き伸ばされて並んで置かれているわけである。ミースがライトの作品を見たのは一九一〇年、ベルリンで大展覧会が行われヴァスムース出版社がライトのドローイング集を上梓したときであるのは、確実である。ミースも一九四〇年に近代美術館の展覧会のカタログ（出版されなかった）に書いている。「このような、われわれにとって危険きわまりない時期（一九一〇年）に、フランク・ロイド・ライト作品展がベルリンに回ってきた。この包括的な展示と彼の諸作品を余すところなく網羅した出版によって、われわれは、この建築家の成し遂げた仕事を実によく知ることができた」。全文はJohnson（注4）pp. 200-201 参照。

図2・8　バルセロナ・パビリオン、一九二九年

カテゴリーをそれら本来の文法的意義学的に意味するものにまで解体することである。この光の下では、バルセロナ・パビリオンを数々の相補的反対物の拡散として見ることができる。柱対壁、構築対非構築、不透明対透明、静対動、開対閉、そして建築対建物さえあげられる。最初の反対物は、主として形態上のものであり、自明も同然であろう。四番目と五番目のものがもっとも良く描写されるのは、水面の性質であり、開いたところでは波立ち閉じたところでは全く平静である。最後の反対物は、風車状の、平面による空間・形態が、土着性という有機的な性格を想起することによって、建物をほのめかしているのに対し、「古典的」十字形柱が建築をほのめかしているという事実に由来していると言えると思われる。[*10]

バルセロナ・パビリオンの十字形の鉄柱の詳細な分析からは、モダニスト・伝統主義者という反対物が、ミースの作品の中で、全体構成においてと同じくディテールというレベルでも、はっきりと宣言されているということが示される。平面的には十字形でクローム被膜の、この非物質化された柱はこれ以上モダニズム的になりようもなく、特にミース自身も一九三一年のベルリン建築博で、おそらくもっと基準となりうるような建築を見せようとして採用した同時期のル・コルビュジエ式の円柱による白いピロティという構成と較べると、なおさらである。ミースのバルセロナの柱は、他の柱と同じく、本質的にピン支点であるものの、その十字形断面という性質のゆえに、逆説として線的でもある。

このちらちら光って反射する表皮に被われ部分的に平面を持つ、非物質的な柱（図2・10）ほどモダニズム的なものはないだろう。しかしながら、文化的記憶というレベルで知覚的に、古典の柱におけるフルーティングの広がりではないとすれば、この垂直なハイライトの林立は、何を想起させるのだろうか。この柱の記憶というべきものは、それぞれ自由に空間を仕切っている、磨き上げられた大理石とオニックスにも言える。さらに、これら不可思議に吊られた壁

＊10　アーツ・アンド・クラフツ住宅のほとんどは類型学上、英国の郷士の農家に結びつく。それらは風車状、U字ないしL字型に結び付き、頭にあたるところに大ホールを持ち、尾には納屋が来る。もちろんこれは土着的な形態である。

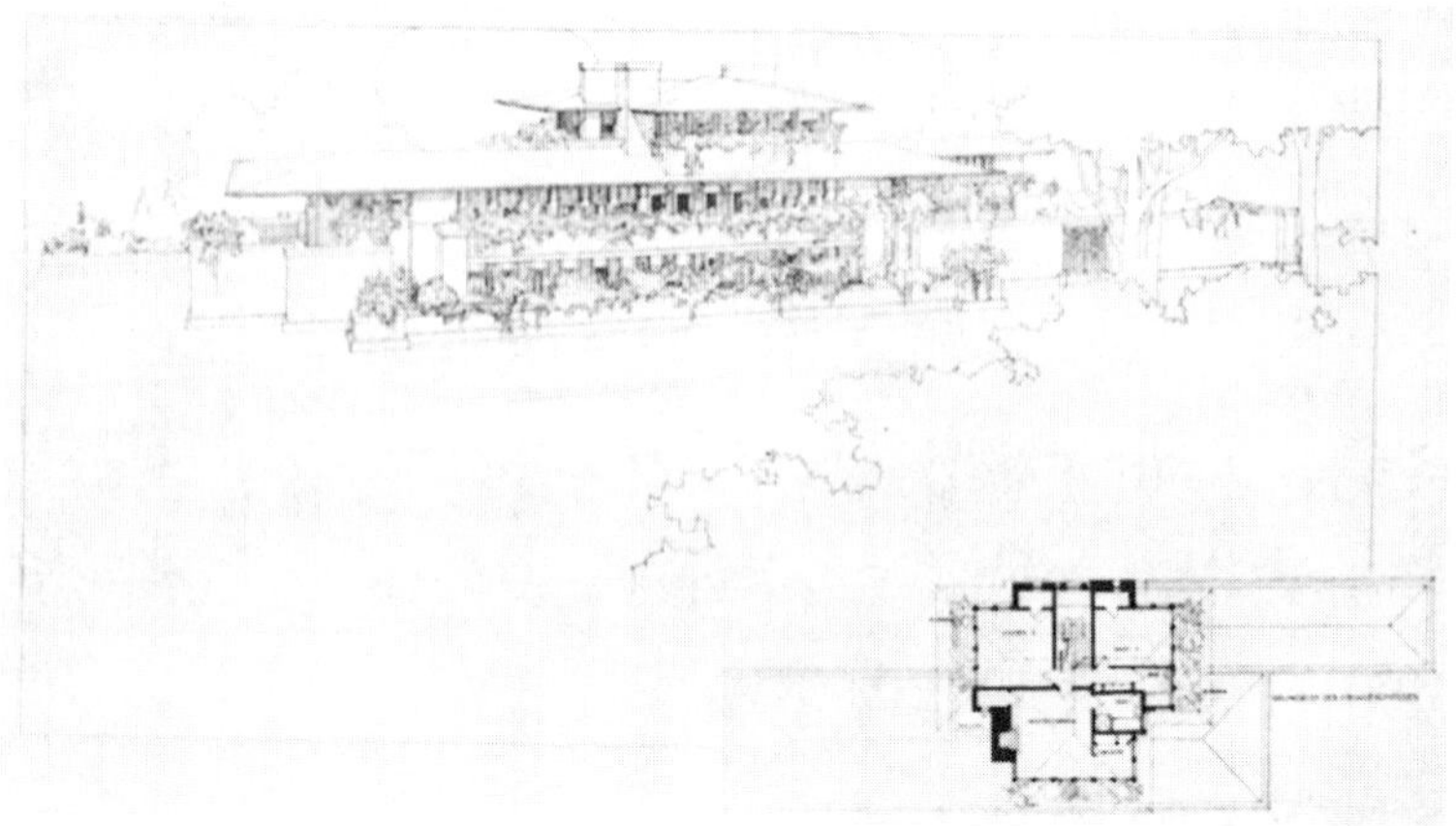

板よりも、抽象的でアヴァンギャルドなものはないだろう。しかしこれらもまたやはり、その石という表面によって引き起こされる連想の性質から、古典的な形態を想起させるのだ。この柱と壁というべきものはまた、この地面から持ち上げられた床スラブと天井スラブについてもあてはまる。前者はトラバーチンの基壇であり、それゆえ定義として古典的であり、対する平面的な相手は、白く漆喰で仕上げられた天井であり、これ以上モダニズム的で抽象的になりようもない。しかしながら、クロームの柱がこの床と天井に対するコンセプト面で何ら固定されていない（基盤や柱頭の痕跡すらない）という事実から、この二つの平行な層状物が表面的には違っているにもかかわらず、両者が等価であるという奇妙な状況を作り出している。この二者の間に包まれたヴォリュームは、抽象的でユニバーサルな空間が限られることなく広がって行くかのように思わせている。このモダニズム空間領域はすぐに伝統的部品によってストップをかけられる。大理石の壁と照り返すプール、ゲオルグ・コルベ作の人物彫刻である。バルセロナ・パビリオンの床と天井の中では、モダニズム・伝統主義という両極の反対物が、言うならば基本的に異なった建築要素という重力に引きつけられて行くのを、見ることができる。まず最初に天井、その次に床へ引き寄せられているのだ。

やはり同じような反対物がトゥーゲントハット邸にも表現されている。ここでは白いリノリウムの床と白い漆喰の天井とが空間を挟み、はっきり両者とも同等に抽象的であるのだが、むしろ、上階の寝室等の小室を並べた伝統的平面形態と、下階のリビング領域の開放的なモダニズム空間との間に挟まれている（図2・11、12）。さらに詩的な皮肉と言うべきは、柱を等間隔グリッド上に配置して規則正しく整えられたこのプラン・リブレが、南面のガラス壁が電動仕掛で基壇へと引き下げられるやいなや、古典的なベルヴェデーレの末裔といった感じの空間へと変身しうるのだ。このガラスの内側に、平たいクロームの手摺が用意されていて、対話の

図2・9　フランク・ロイド・ライト、ロビー邸、シカゴ、一九〇八年、ヴァスムート版作品集の透視図と平面図

図2・10　バルセロナ・パビリオン

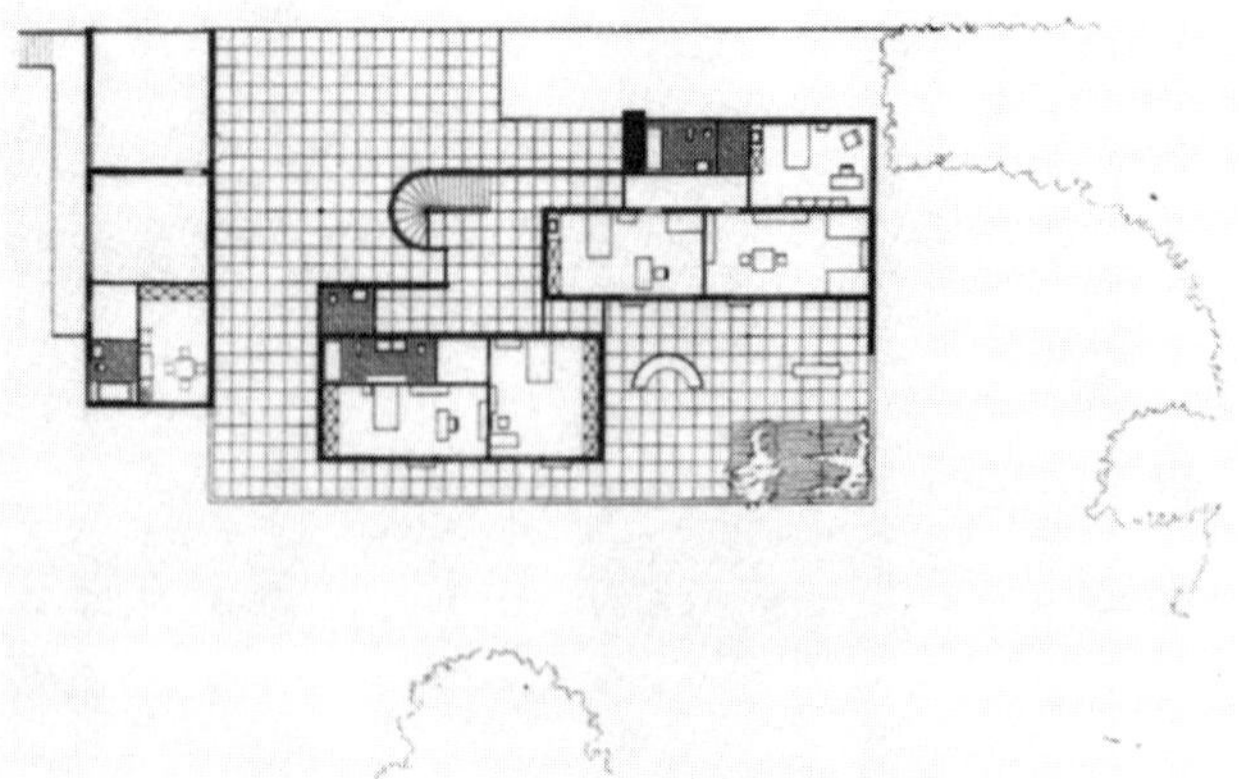

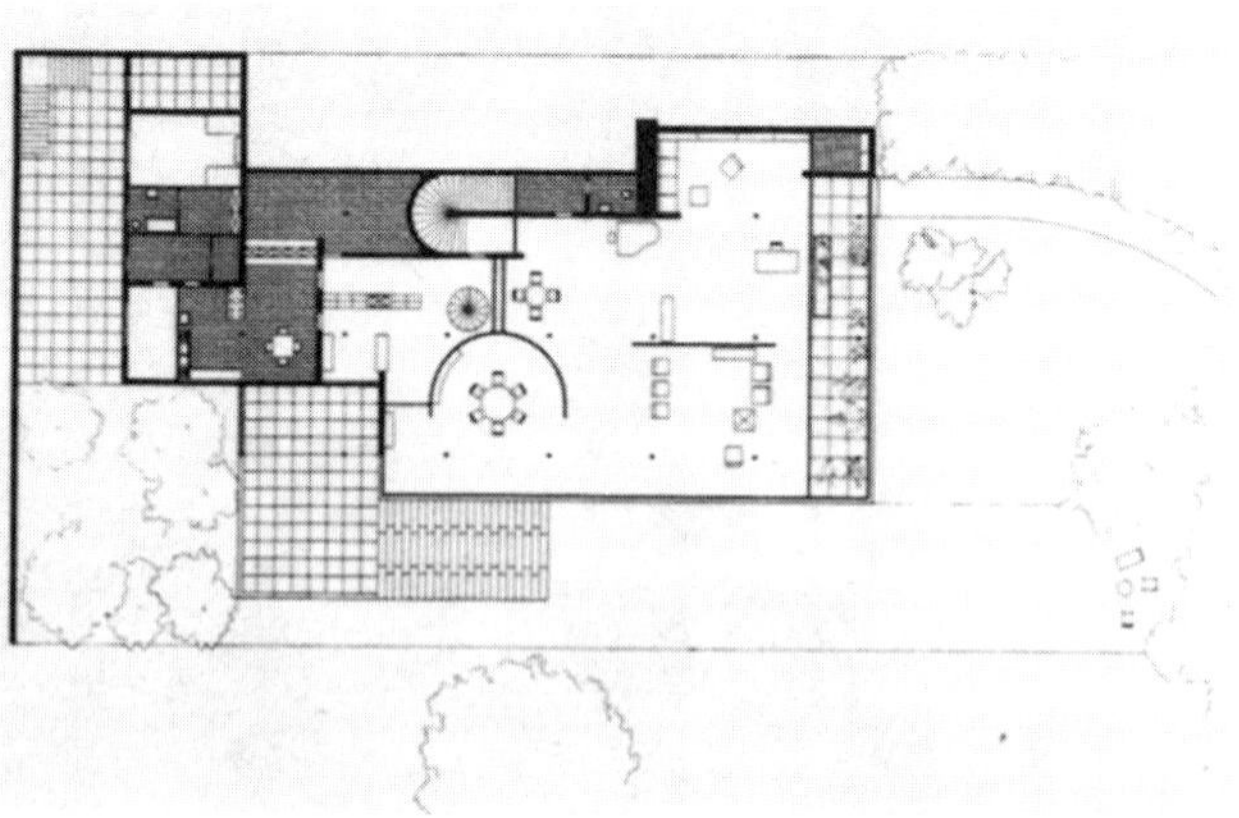

図2・11　トゥーゲントハット邸、ブルノ、一九二八～三〇年、上階平面図

図2・12　トゥーゲントハット邸、ブルノ、一九二八～三〇年、下階平面図

ような言及をさらに多様に進める。モニュメントのような基壇・対・船の手摺。古典的なロッジア・対・「住むための機械」（図2・13）。

これに、この住宅のリビング領域に徹底して用いられているさまざまな仕上げから引き起こされる連想の幅広さを加えるならば、このトゥーゲントハット邸は、より称賛されているバルセロナ・パビリオンにも劣らず、ミースのドイツ時代を伝説化するものであると認めなければならない。事実、この二作品のすでに言及したモダニズム・伝統主義という空間的相違を別にして、より複合的な二つ一組のものが、作品を意味論的複合性というより高度なレベルへと導いている。リビング領域の短辺に付属する異国情緒あふれる温室は、この熱帯植物を内包する奥行きの浅いガラス室がそれ自体を第三のものとして配置されているかのように見せるための次元で動作していると考えられる。すなわち、屋内に自立しているオニックスの壁板という結晶のような構築と、庭や借景の自然の植栽とを調和しうるものとしてである（図2・14）。ここで装飾となっているのは、人工品ではなく、むしろ自然そのものである。もうひとつ、書斎からリビングルームを仕切っている四角い空間分割物が、そのオニックスの城壁という洗練された型式によって、一面でその存在に伴う世間的な会話を引き起こしている。同じく、ダイニング領域の半円形のアルコーブの、暖かい感じの黒檀の板は、包みかつ支えるという、地面に密着した社会的儀式を呼び起こしている（参照、図5・12）。このすべてが、他意のない簡素ぶりということを別にしてもやはり最高に機能的な、非物質的なガラス・ファサードの背後に配されているということは名人芸にほかならないし、床レベルとカーテンレールのそばにクローム貼りの暖房用配管が走り、窓上の鴨居の下にローラーブラインドが隠されているなど、ガラス壁も機能的になっている。それらは、まずガラスの熱損失を埋め合わせるよう、また夜間のプライバシーのため、そして日除けとして室内を直射日光にさらされないように保護しているのである。

ミースがこの時期にデザインした、正典とも呼ぶべき家具においてもまた、伝統的形態が調和をもたらす役割を果たしている。ここでも再び、格子状に押さえ帯の入ったレザー張りクッ

ションのバルセロナ・チェアのいわばシンケル流の輪郭から、青緑の雌牛皮というより柔らかい生地のトゥーゲントハット・チェアの片持ちによってバネとして働くフレームという擬人論的なモダニズムまで、見て行くにつれ、階層的推移が起きている。異なったものを内包しているこれらの対照的な椅子によっても、この時期ミースのデザインした特別な家具の全領域を判断するのは難しい。

図2・13　トゥーゲントハット邸、リビングルーム

図2・14　トゥーゲントハット邸、書斎とリビングルーム

一九二〇年代末の、インテリア・デザイナーのリリー・ライヒからの強い影響によって、ミースはこの時期、仕上げや備品といった面で非常に繊細なほのめかしを添える能力を身に付けた。これ以前にも以降にもないことだが、例えばプリーツから押さえ帯、あるいは透明ガラスから半透明ガラスといったものを使う微妙なニュアンスを表現できるようになったのである。ロシア・アヴァンギャルドは自分の作品には何ら影響を及ぼしていないと、彼は後々否定するのだが（一九六二年にピーター・ブレークに「私は強く反発した、マレーヴィチでさえ」と語っている）[*11]、この一九二〇年代末の彼の作品と、新シュプレマチスム建築家イワン・レオニードフの幻想的な計画案との間には、薄気味悪いほどの親近性が存在する。バルセロナ・パビリオンの透明な色付きガラスによる演出は別にして、リリー・ライヒとデザインした一九二七年のベルリン・モード展の絹とビロードのカフェ（図2・15）で用いた黒、赤、オレンジ、レモンイエローといったいささかロシア的な色使いを始め、この時期ミースがデザインした数々の展示物には、ロシア・アヴァンギャルドの影響が見られるのだ。とりわけ、工作連盟展に併せて行われた一九二七年シュトゥットガルトの産業工芸展覧会のガラスの部屋がそうである。この最後のものについては、ミースの用いた素材と色彩についてのフィリップ・ジョンソンの記述を読みさえすれば、彼の「ほとんど何もない」というコンセプトが一九二八年のマレーヴィチの有名な『シュプレマティスム構成——白の上の白』とあまり隔たりがないと感じられるの

*11　参照、Peter Blake, The Master Builders : Le Corbusier, Mies van der Rohe, Frank Lloyd Wright (New York, 1960), 田中正雄・奥平耕三共訳『現代建築の巨匠／二〇世紀の空間を創造した人々』彰国社、一九六三年。および、Four Great Makers of Modern Architecture : Gropius, Le Corbusier, Mies van der Rohe, Wright (New York, 1963), a verbatim record of a symposium held at the School of Architecture, Columbia University, 1961.

だ。「……椅子は白のセーム皮と黒の雌牛皮。テーブルは紫檀。床は黒と白のリノリウム。壁は、透明ガラスと灰色の不透明ガラス。[12]」

ミースが居住デザインという領域から離れ、一九三七年のフェアザイダーク事務棟や一九三三年の帝国銀行コンペ（図2・16）といった大規模な産業・都市建築に携わるようになるにつれ、ここに述べたようなものはすべて、次第に、逆戻りできない変化を遂げていった。どちらのケースでも、建築に対する建物《バウエン》という考えが基本的な価値として再出現していると思われる。すなわち、発明されたというよりも再発見されたもののようなのだ。特に帝国銀行案では、伝統対近代という分節は、むしろ建築対建物という線に沿って図式的に分割されているように思われる。丸くふくらんだ正面は、左右対称で、堂々たる二層分の階高のカーテンウォール張りのピアノ・ノービレと、内部の「ペリスタイル」によって古典的に調子を整えられているのに対し、この街区の背後になる棟は規準に従った工業的な建物として処理されている。ここでは、一九二〇年代初期の簡素なコンクリートやガラスのオフィスビル計画案と似た言葉で考えられ表現されている「非芸術的な」鉄骨のオフィスビルが見て取れる。

歴史家のルードウィッヒ・グレーザーが指摘しているように、ミースの帝国銀行案のカーテンウォールの模型は、正方形格子の工場生産サッシと水平方向の煉瓦積みの層とが連続するというものであり、これはほぼ確かにドイツ工業に土着の、むき出しの鉄骨骨組に煉瓦かガラスのどちらかで壁をはめ込んだ建物に由来している。これは昔の木骨構造のハーフティンバー建築から伝わる、一九世紀末以降の表現を要しない工場建築に共通したモデルであり、この手の工業用構築物はヨーロッパ大陸中、とりわけ独仏に見ることができる。[13] そして帝国銀行案は、たまたま一九三九年のイリノイ工科大学の初期案にも似て、骨組に壁をはめ込むシステムではなくむしろ連続するカーテンウォールを特徴とする。もっともこれはミースがアメリカに渡っ

図2・15　ミース・ファン・デル・ローエとリリー・ライヒ、シルク・ベルベット・カフェ、モード展、ベルリン、一九二七年

＊12　Johnson（注4）p. 51.

＊13　ミースのドイツ土着性の選択および伝統的なハーフティンバーとの関係についての議論は "Epilogue: Thirty Years After," Johnson（注4）pp. 205-211 参照。

図2・16　帝国銀行案、ベルリン、一九三三年、透視図

てからやっと実用化できるのだが。おそらく、この骨組への新しい強調が重要であることに気づいて書いているのは、コーリン・ロウをおいてあるまい。

> ミースのドイツ時代の柱は円形か十字形が特徴であった。しかし新しい柱はH型であり、I型鋼が今やほとんど彼の署名となっている。典型として、ドイツでの柱は壁や窓からはっきり切り離され、空間の中で孤立していた。そして、新しい柱は建物を包む壁と統合された部材となり、そこで壁の方立か残り滓みたいに機能するようになっている。したがって、柱の断面形状が建物の空間全体に何か劇的な効果を与えることはない。
>
> 円形なり十字形の断面は間仕切を柱から離そうとする傾向にあった。新しい断面はそれらを引きつけようとする。かつての柱は空間の水平方向運動への支障を最少にしていた。しかし、新しい柱は確かにより実質的に停止を提供している……。
>
> インターナショナル・スタイルの要素としてのこの柱を最後に見たのは、一九四二年の美術館案であった。一九四四年の図書館・事務棟案になると、H型の柱がすでに明白であるし、公表された平面図にもはっきり示されている。それらの図面から明らかなのは、柱がもはやスラブの下でいくつもの意味を持つようなあいまいさは許されない、ということである。いまや、最初からはっきりしているのだが、縦横に走る梁に結び付けられ、その梁がスクリーンの位置を決め、そしてほとんどの場合そのスクリーンはそれらをまたいでいる。実際、研究室周りの特別に厚い壁だけが、この新しい見せ方に抵抗できるかのようである。[*14]

ロウの示すように、この変化は典型的なものであり、構造骨組を外の皮や内の仕切と結びつ

*14 Colin Rowe, "Neoclassicism and Modern Architecture," *Oppositions* 1 (Sept. 1973), p. 18.

けて空間の存在論的性質に変容させただけでなく、柱梁の構造的結合部を見せようとする動き（IITの鉱物金属研究棟でのみ完全に成し遂げられている）によって、見る者を基本的な構築という範疇へと立ち帰らせるのである。概念上の焦点はいまや、普遍的なモダニズム空間から、骨組とその結合という伝統的にいちばん大事とされていたものへと移った。この変化は根本からのものであり、というのは、トゥーゲントハット邸のように、独立する構造支持体の列を空間区分体系から分離する言葉的には「ギャップ」の微妙な記号的変換を喚起することで、近代性と伝統との間の緊張が調整されることはもはやありえないためである。同時に、伝統的な石積みによって区画が均質になることは、代案としては否定されている。その結果、ミースの後期作品の、特定の用途にとらわれないという柔軟なエネルギーは、建物の外周へと引きつけられる傾向にあり、これは一九四四年に発表され建てられなかったIIT図書館・事務棟の設計に明らかである。これから後、威風を添えるような要素、例えば玄関ロビー、公共用の広い内部空間、中庭、そして最後に（ただし最小ではないが）メガストラクチャ形態の露出といったものを強調するようになる。こうした卓越した分節表現や適当と思われるときには必ず構想される吹抜といったものを別にして、どの構造体も日常の管理とか使用上の平凡なものに広く埋めつくされており、これは間違いなくルイ・カーンが自作に支配する空間と隷属する空間とを区別した差別である。この区分は、ミース・ファン・デル・ローエの戦後作品を吟味するのに効果的な道具であり、なぜなら、明らかに用途上および構築上のある要素が、建築という世界に正しく属している分節表現に値するものとして見受けられ、他方で、区画された空間の反復という状態に格下げされているものが、単に建物という分野に属しているように見られ、これらはそうしたことの発生している規模には関係がないからである。後にミースが語っているように、「どの建物にも階級における各々の地位がある。建物はどれもがカテドラルなのではない」。

ミースは多かれ少なかれ解放的であること、すなわち戦前のアヴァンギャルドのユートピア的綱領を、アメリカ時代の始まりにはやめていたが、それを普遍的なテクノロジーという、ギリシア神話劇の突然出てきて結末をつける機械仕掛けの神のような、超現実的な力に置き換えたのである。この新しい神の庇護の下、伝統文化への参照は、それが時代の技術的にどうしても必要なものと一致するように作られうるかぎりにおいてのみ、確認されうる。こうして、一九五〇年にミースがＩＩＴに建てたボイラー室のような単純な一層か二層の産業用構築物を除けば、鉄骨による軸組構法という古典的な構築でさえ、耐火とか設備配管という技術的要求によってその本質的実体や天井を吊っているという用途を覆わざるをえなかったがために、堂々と表現することも確証されることもできなかったのである。にもかかわらず、まるでミースは、技術的必要性が、世界が陳腐に陥らぬよう防ぐために残された唯一の規律であるかのように考えていたかのようだ。時代における、プラトン哲学で言うところの造物主としてのテクノロジーという考えは、彼の思想において当初から潜在していたが、一九五〇年のＩＩＴにおける講演でついに表面に浮かび上がった。


技術は過去に根ざしている。

現在を支配し、将来へ向かう。

それは本当に歴史的な動きであり、しかも、その時代を形作り表現する偉大な動きの一つなのだ。

それと較べうるのはただ、古代における人間の個人としての諸発見、また古代ローマの権力への意志、そして中世の宗教活動だけである。

技術は単なる手法をはるかに越えるものであり、それ自体が一つの世界である。手法としても、ほとんどあらゆる観点ですばらしいものである。しかし、工学的な巨大構造としてそれ自体が表されているところでのみ、技術はその本当の性質を見せている。明らかなのは、有用な手段であるということだけではなく、それ自体が一つの、それ自体の内に、意味と力強い形態を持つものであるということだ。事実、非常に力強く、名づけるのも難しい。

はたしてこれはやはり技術なのだろうか、建築なのだろうか。

そしてこれが、建築が時代遅れとなって技術に取って代わられると確信する人々が存在する理由であると思われる。

そのような決め付けは明確な思考に基づいていない。

逆も起こる。

技術が真に臨界点へと達したところでは必ず、それが建築へと超越していくのだ[*15]……。

ここに、IIT建築部門の指導的立場に就いてから十二年にして、建築文化を継続するための手段として、技術が前面に打ち出された。この、ロマンチシズムとリアリズムの混合を打ち出したこの考えは、一九四〇年に実際の敷地にはめ込まれたミースのIITキャンパス案の「価値観にとらわれない」ユニバーサルなグリッドに関する方向へ向かっているとも思われる。ここでは二四フィート×二四フィート×一二フィートというモデュールが全体をカバーし、敷地境界まで延ばされていて、あたかも無限に延びて行くかのようである。部分的には対称で、ある部分は非対称になりながらも、常に規則正しく、不思議な半モデュールの抑揚をそこここ

＊15 Mies van der Rohe, "Address to Illinois Institute of Technology." 全文は Johnson（注4）pp. 203-204 参照。

に残しながら、最終的な計画案では、キャンパスのある部分が他よりもシンボリックになるような徴候はほとんど見られない。彼より以前に、すでに工業についてその時代の卓越した力であると考えていたベーレンスのように、[*16]ミースも一九四〇年代初頭から、建物を工場のようなしきたりの下に置こうと、あるいはその逆にせんと、骨折っていた。あたかもルイス・マンフォードによる、電気を推進力とする新技術《ネオテクニック》のように、ユニバーサルな見えないグリッドとして宣言となり、人間の生活の最も遠い隅々まで届き、人間存在そのものを刻印するのである。

どんな建物の種類や組織も、ミースにとって、近代後期の世界を容赦なく決めるこのユニヴァーサルなマトリックスという刻印から、特別に除外されるのは不可能であった。教会であれ、住宅であれ、劇場でも共同住宅でも、あるいは大学の機関であっても。まるで、戦後経済におけるサービス産業の勃興によって証明されるように、情報それ自体がありとあらゆるシステムや組織を半ば官僚機構化された世界へとすでに変容させていたかのようである。この、果てしなく広がり継目のない技術的な蜘蛛の巣のような、「一次元的」な近代世界観は、不思議なことに、ヴァルター・ベンヤミンの「一九世紀中頃、生活の場の真の重心は家庭からオフィスへと移っていた」という観察と共鳴している。[*17]

ミースが人生の残りを通じて直面した矛盾する課題は、彼自身、自分に負わせた建築文法という制限の中で、階層を持った抑揚による厳密ながら適当な形態を、いかにして達成するか、ということである。彼が望んでいたのは、いわば、建築と建物とを、構造骨組の誠実さとかその必須の充填壁パネルとかを、妥協することなしに区別することであった。この課題の特殊なはけ口がはっきりするのは、IITの鉱物金属研究棟（一九四二〜四三年、図2・17、および図3・10参照）を、その三年後に竣工した同窓会館《アルムニ・ホール》（図2・18、および図3・14参照）と較べたときである。前者では、ドイツの工場の伝統になんら操作を加えることなく技術的構築的純

＊16　参照、Behrensの一九〇八年のエッセー、"What is Monumental Art."

＊17　Walter Benjamin, "Paris, Haupstadt des XIX Jahrhunderts," *in Illuminationen* (Frankfurt, n.d.), 川村二郎訳「パリ―十九世紀の首都」、『ヴァルター・ベンヤミン著作集6』、晶文社、一九七五年、p. 22.

粋さを直接用いている。後者では、その骨組が耐火のためにコンクリートで被覆されているだけでなく、その隠された存在の「再現」が、古典的に輪郭をなぞる鉄の化粧カバーと窓枠のモールディングというかたちで、ミースのアメリカ様式の中枢的な構築テーマとして現れている。較べれば良いのはただ、この二つの建物の、煉瓦と鉄骨の側面を見て、前者の架構部材のほうが構造的な必要性に沿ってむしろ自由に組まれているのに、後者の架構は厳密に対称であるという、推移が起きているということである。それぞれの法的構造的条件の違いは除いても、アルムニ・ホールがこの二つのうちでよりモニュメンタルであるのは明らかだし、建築にふさわしい器として、あるいはミースの言葉ではバウクンスト(Baukunst)、すなわち建設芸術と

図2・17　IIT鉱物金属研究棟、シカゴ、一九四二〜四三年

図2・18　IIT同窓会館（アルムニ・ホール）、シカゴ、一九四五〜四六年

いう表現レベルにふさわしい器として考えられていることがはっきりしている。一方の鉱物金属研究棟は、研究所以上の何物でもなく、したがって建物ないしバウエン(Bauen)という段階までで必要以上に構築的に洗練を加えるに値しないのである。そしてアルムニ・ホールでは、象徴としての再現という試みを、鉄の柱カバーが地面に達していないことで荷重を支えていないとはっきり見せている。研究棟では単に、既与の技術的な部品の組合せをエレガントに洗練しているだけである。

一九四〇年代、IITキャンパスにミースが建てた建物のほとんどに用いられている建築文法は、この二つの建物の間のどこかに落ち着く。ある建物から次へと、キャンパスのグリッドという枠と鉄骨架構を見せるという原則の中で、両端の壁の処理と玄関を奥まらせているところとは、ほとんど変わることがない。そして、耐火被覆の必要性によって、目に見えるものが骨組そのものではなく、その骨組を再現する擬態であることを確認させられるのだ。

一九四〇年代も半ば以降になるとミースは、この時代の唯一残りうる集団的な精神《エトス》としての技術という考えを手離さずに、自分のドイツ工場美学によって架せられた枠から逃れ出ようとする。この努力の中、彼は前向きでもあったし、後向きにもなっていた。すなわち、前向きとは一連の大スパン構築物であり、それらは広いシンボリックな空間を創りうる必要性から、また橋梁のような巨大な土木作品と同じくそれら自体で超越的かつモニュメントのような性質を持つ技術のかたちであって、そして後向きとはドイツ啓蒙運動時代の二つの黄昏のことである。一つは第三帝国と世界大戦という破滅に先立つヨーロッパ・アヴァンギャルドの短命に終わった天下、そしてもう一つは、さらにさかのぼったシンケル学派流古典主義の黄金時代である。実際のところ、残る二五年間に彼が産み出したものは、こうした先駆的なものと回顧的なものの間の不断な揺れとして見ることができる。あるいは、予見できない未来のどうでもよいけれど避けられないメガテクノロジーと、一九世紀初頭という失われた桃源郷の物語へのノスタルジアとの間を振れているのである。

そうした両極性をビルディング・タイプという点で作り上げていると思われるプロジェクトが、一九四〇年代中頃に二つある。一つは、一九四五〜四六年にジョセフ・カンターのために設計して実現しなかった、二本のトラスによる大スパンのドライブイン（図2・19）、そしてイリノイ州プラノのファーンズワース邸（一九四六〜五一年）である。カンター・ドライブインは、トラスを露出した大スパン構造による一連のデザインの端緒となるのであり、IITのクラウン・ホール（図2・20）や一九五二〜五三年のマンハイム国立劇場コンペ案（図2・21）等がその系譜に属する。ファーンズワース邸の方は、少なくとも一九二〇年代末のミースのアヴァンギャルド高揚期を思い出させてくれる部分がある。しかしながらここにおいて浮かんでいるような床板と屋根板に包まれている抽象的な空間のバランスを取っているのは、この作品の全体としてのピクチャレスクな構成であり、そこにはシンケル学派とイタリア風双方の要素が含まれているのだ。同時にミースはファーンズワース邸の構築体系をミニマリズムの状態へ昇華的に還元しようとしており、こちらはシュプレマティスムとロマンチック古典主義とから起因している。これが明らかなのは、外部テラス敷石の目透張りであり、鉄材を熔接して薄い四角錐を逆さまにした漏斗のような形の排水ドレンを並べ、その上に砂利を敷き詰めて完全に水平にした構造の上に、四角い敷石を並べているのである。同じミニマリズムが明言されているのが、床と屋根のスラブの額縁になっている薄いC型鋼とH型鋼の柱との熔接面である。この接合部の構築的純粋さ（形態的にはミニマルであるが構造的論理から言えばほとんど表現的ではない）は、この熔接に磨きをかけて平らにして、そしてこの鉄の作品全体を白く塗り仕上げることで成就されている。

この点で、ミースは自作の中に一種の完全統合を達成しようとしだした。すなわち、同じ最小限な部材が二重の「読解」に開かれ、ファーンズワース邸の低いほうのテラスを支える対称に置かれた六本の柱のうち四本だけ切り株と化し（なぜならテラスと住宅部が一部重なっているからだ）、その残りは住宅部の床と屋根を支えている。同じように、住宅自体を支えている八本の柱のうち六本だけが、そのヴォリュームを包み込んでいる板ガラスとつながっている。

図2・19　カンター・ドライブイン、インディアナポリス、一九四五〜四六年、模型

図2・20　ＩＩＴクラウン・ホール、シカゴ、一九五〇〜五六年

こうした不調和が、テラスと住宅の複雑な部分重複から巻き起こり、この状況を非対称位相幾何学として表現するのに役立ち、そして、一つの意味しか感じ取れないどのような形態をも拒んでいるのだ。

二つの別々の命題の文法的な融合が、ハーバート・グリーンウォールドによって一九五一年に日の目を見たツイン・タワーに見て取れる。このレイク・ショア・ドライヴ八六〇―八八〇アパートメント（図2・22、23）についてピーター・カーターが素晴らしい分析を行っている。

ミースが柱の表面と各柱間の四等分になるところに、外に出っ張る鉄の方立を導入したことは、そこに組み込まれた部品のばらばらな個性から、予期していなかった新しい資質を引き出した。構造上の骨組とその間を埋めるガラスとは建築的に融合されたものとなり、新しい建築の真理を作り上げるうえでそれぞれの個性の一部を失ったのである。方立はこの変身のために触媒みたいな役割を果たした。

柱と方立の寸法は窓の幅を決めている。中央の二つの窓は両側の柱に接する窓よりも広い。この変奏から、交互に広い狭いという視覚的なリズムが生まれている……ミースによる「八六〇」解法までは、軸組工法による建物を囲うためには、基本的に二つのはっきりした可能性があった。その皮を骨組の間に充塡するか、それとも骨組の前面に吊るか、である……これら自体実用という面ではそれなりなのだが、こうした解法はシーグラム・ビルという例外を除いて、偉大な建築という魔法に触れるのはまれであった。「八六〇」ではその解法が、皮と骨組を共に包含できる単一の建築表現を探し出すという課題にまっすぐ答えている。「八六〇」では、構造と外皮はそれぞれの個性の多くを保っているが、方

図2・21　マンハイム国立劇場案模型、一九五二〜五三年頃

図2・22　建設中のレイク・ショア・ドライブ八六〇－八八〇アパートメント、シカゴ、一九四八〜五一年

図2・23　建設中のレイク・ショア・ドライブ八六〇－八八〇アパートメント

立の採用によって、多元的な性格から単神論的な性格へと哲学的変容を遂げているのだ。[*18]

ミースの教科書的な、トラスを露出させた大スパン構造物は、カンター・ドライブインを第一号とし、大構造空間架構として用いることで、一九五〇年代初頭に並行して進んでいた。こうした大空間に関して彼は、二方向に大スパンの正方形屋根を支えるために、二種類の構造を

＊18　Peter Carter, "Mies van der Rohe：An Appreciation on the Occasion, This Month, of His 75th Birthday," *Architectural Design* 31 (March 1961), p. 108.

発達させた。一番目は、一九五三〜五四年のシカゴ・コンベンション・ホールであり、その七二〇フィート（二一九メートル）という大スパンは土木的ないし橋梁のような規模の、鉄骨屋根の荷重を鉄のトラスを通じて地盤に伝えるのである。その連続するトラス壁は束のようなコンクリート柱の上に載り、柱頭でピン支持されており、各辺に一二〇フィート間隔で備えられて、隅は六〇フィートのカンチレバーとなる。二番目は、一九五〇〜五一年の五〇×五〇住宅案（図2・24）であり、五〇フィート（一五メートル）四方の空間の架構が、各辺の中点に立つ柱四本で支えられ、したがって隅は二五フィートのカンチレバーとなる（もっともミースは屋根の上に差し渡す梁の使用も考えていた＝図2・25）。コンベンション・ホールがこの二つのうちでは構造上野心的なほうだとしても、ミースはこの二つのプロトタイプを、一九五七年のキューバのサンチャゴへのバカルディ社ビル計画で統合するはずだった。この正方形平面の空間架構の周辺に八本の柱を備えたタイプが回帰して行くのは、一九六〇〜六一年のシェーファー美術館計画と、そして彼の死の二年前、一九六七年についに完成するベルリンの新国立ギャラリーである。

新国立ギャラリー（図2・26）の、基壇にそびえるかたちで再現された空間架構のパビリオンは、ミースにとってついに故郷に錦を飾るというだけに留まらないものであり、というのも彼の作品の両極性を和解させえたからである。一方にモダニズムの平たい空間領域、他方に西洋の構築伝統における分節的構造論理。ロウが示しているようにこの二つの価値観は、ＩＩＴのクラウン・ホールにおいて妨げられることのない吊り天井が周囲の構造の構築的な誠実さを否定しがちであった以上に、矛盾することはないと思われる。この吊り天井のジレンマはミースのアメリカ時代を通してさまざまなかたちで引き起こされていたが、最終的にはこの新国立ギャラリーで解決された。ここで、空間架構とピン支持との結合は、鉄板熔接の屋根を作り出

す上下の弦材という二重の組成に支えられている。こうして、屋根全体としては無限の浮揚する板として読むこともできる一方で、そのはっきり見える構造的実質を通してその構築的存在を主張してもいる。同様に、屋根を支える十字形断面の鋼鉄の巨大な柱は、近代技術と古典主義双方の意味で実用的および伝説的性格をもたらしうる。この表現上の統合は、空間架構を柱頭から切り離すピン支点（図4・9参照）にその神格化を成し遂げている。明らかにこのピン支点は橋梁構造であり、また古典の柱頭の暗喩でもある。後者は、それが初めて現れたのが偉大な建築的環境下、すなわち一九〇九年ベーレンスによるシンケル流儀のタービン工場のように、ここでも、この鉄のピン支点の技術上象徴的な役割を転回すべく現れたのである。新国立ギャラリーにおけるミースの空間架構の弦材のフランジは艶消しの黒に塗られ、全体に黒い格子状の骨組の奥から光を投射しているライトという演出のおかげで、見えやすくなっている（図1・23参照）。このミースの「黒の上の黒」美学が、モダニズム・アヴァンギャルドという伝統へとわれわれの考えを立ち返らせてくれる。かくして、ミース・ファン・デル・ローエはその最後に実現させた作品において、西洋建築の伝統における二つの根本的な側面の、高度に完成した建築術的統合を成し遂げたのだ。一つは構造合理主義であり、もう一つはロマンチック古典主義である。彼はこの統合を、アヴァンギャルドの極致に対する再評価と結合させようとしたのである。すなわち、アド・ラインハートの絵画や、一九一〇年代末期のマレーヴィチによるシュプレマティスムの『白の上の白』に見られるような。

図2・24　五〇×五〇住宅案、一九五〇〜五一年、IITの授業での、フィル・ハートらによる屋外設置模型

図2・25　五〇×五〇住宅案、IITの授業での、フィル・ハートらによる初期案の屋外設置模型

図2・26　新国立ギャラリー、ベルリン、一九六二〜六七年

第三章　ミースと高層建築——文通による歴史・イデオロギー・継承についての討論

クリスチャン・F・オットー編

あるアマチュア建築愛好家と建築史・建築論のたぐいまれなる権威者との間で交わされたこの往復書簡は、掲載に値する、十分おもしろいものである。編者。

ニューヨーク州イサカ　一四八五三
コーネル大学建築学部
コーリン・ロウ教授

ロウ先生

現代建築形成の歴史という問題について語るとき、先生はこの四半世紀の間おそらく最も重要なご発言をなさってきました。アメリカやヨーロッパの建築家で、先生あるいは先生の著作に精通していないと公言する人など、一人として挙げるのは困難です。先生が、一九八二年にアメリカ建築家協会（ＡＩＡ）の「協会賞」を受けられ、翌年イギリス王立建築家協会の名誉会員に推されたことは、こうした影響力が公にも認められたことのあらわれです。

私は建築の愛好家であり、友人たちから非常識といわれるほど多くの時間を費やし、建築を見て体験するための貧乏旅行をし、そしてそれらの建物や建築家たちについてできる限り本を読みました（そして、先生もうなずかれることと思いますが、本や雑誌の値段は途方もないものとなってしまい、そのことはさらに先生の著作を私にとって価値あるものとしました。というのは、少々もったいつけた間を置いてそれらが発行され、弛まぬ思索という報酬が与えられるものですから、ロウ先生は投資に対して十分な見返りを授けて下さったわけです）。

さて、この手紙を書いた理由に参りましょう。私は特にミース・ファン・デル・ローエがワイマール共和国時代と後のアメリカで設計した建築に啓発されました。私は、これら二つの「経歴」の間の関連性に、また、まるで彼の作品があるべくしてあったように見え、どうしてそうなるべきだったのかという並々ならぬ衝撃に心を打たれました。もしアメリカでのミースの建築が、実は一九二〇年代に現れた理念から導き出されたのだとしたら、そしてもしわれわれが、彼のアメリカでの作品は「最高に美的なもの」であり「崇高な秩序」であるという近年の論評に同意するとしたなら、どうして彼を模倣した人々は「美しき画一性」を越えてゆけなかったのでしょうか。どうして彼らは単なる「押し黙っていて……鬱陶しいガラスの箱でできた都市中心部……磨き上げられ、阻害感を与える『アルファヴィル』の環境」[*1]しか生み出さなかったのでしょうか。

先生はあらゆる方法でまさにこうした質問にアプローチしてきました。私は、その方法が素晴らしく光輝いており、私にミース建築への足掛かりを与えて下さっていることに気づきました。しかしながら、私の行った最近の研究は、予期せぬ領域へと私を導きました。先生は（もちろんご存じないことですが）、私にとって歴史を学ぶ上での地理学者のようなものですから、

＊1　William J. R. Curtis, *Modern Architecture Since 1900* (Englewood Cliffs,N.J.,1982)、五島朋子・澤村明・末廣香織共訳『近代建築の系譜－一九〇〇年以降　下』鹿島出版会、一九九〇年、pp. 428-9.

もしこの新しい地形に関する先生のお考えがいくらかでも得られたなら、私はずっと心休まることでしょう。もしよろしければ、この題材についてのほんの数葉をお読み下さるお時間とご関心はございませんでしょうか。私は、文章をなるべく短く明解にまとめるつもりです。謹白

ヘケイニアン・ウッズ拝

一九八六年六月一六日

ワシントンDC　二〇五〇六
NW　ペンシルヴァニア通り　一一〇〇番
ヘケイニアン・ウッズ殿

ウッズ様

私は、途方もなくあきれてました。スズメバチ型の人間が、……自分本位で同時に素直な貴殿の手紙の主旨とお名前からそうにちがいないと推察したのだが……手近にあるほとんどすべての問題について煽りたてるよう主張するとは。私はまさにそれが衰えていることに気づきました。

しかし、耐え難い窮地へと私を置き去ってしまう貴殿の手紙について、私に何ができるでしょう。私には貴殿の襟元を正した要望に対して無礼な態度はとれない。しかし、貴殿と私との議論がどんなものであろうと、貴殿の考えを、全くどこでもいいのだが、ともかくどこかで発表することによって、貴殿に、この私との議論をすっきりさせてあげようと思います。それで

は、コピーを私の所へ送りなさい、そして最高の議論の相手同士としてワインでも飲みながら会いましょう。ただそのときには、私が昔書いたものでたぶん今となっては半分くらいしか信じられないことについて説明するなんていう拷問のように退屈な真似だけはさせないで下さい。うぅむ、うぅむ、うぅむ。もし貴殿が私自身のことについて語らせなければならないというなら、できるでしょう、たぶん、何とか。

コーリン・ロウ

一九八六年六月二七日

ニューヨーク州イサカ一四八五三
コーネル大学建築学部
コーリン・ロウ教授

ロウ先生

少なくともこの手紙を読んで下さっている先生のご好意に感謝いたします。言うべきことの中にできるだけ感情的衝動を差し挟まないよう注意深く心がけます。ただ、先にご忠告しておきますと、私の表現は少々堅苦しくなるかもしれません。長年にわたって私は商務省標準局に勤務しておりまして、度重なる平凡な役所の報告書は私の最もくだけた手紙にまで影響を与えているのです。

私にとって折り紙付きの先生の著作は、建築に関する考察として素晴らしく感動的なものです。それは過去から引き出された理念の表現と一緒になって、現在の問題点について衝撃的な結論を与えるのです。想像するに、先生の著作は今日の建築家たちに説得力のある革新的なデザインを示唆するものでしょう。過去と現在の連続性を観察することは、今日の考えに権威を与えます。すなわち、そうした考えを歴史的状況へと移し替えることで、すぐさま説得力をもって生き生きとしてくるのです。おそらく、そこには同時に陥穽があります。「いかに過去が現在に生命を与えるか教えよう、しかし、それはまたすべてのものをわずかに幻覚的にする」[*2]と、ある論者が歴史の中をあちこちさまよい歩きながら観察したように。私が理解したところでは、この言葉が意味するのは、人は現在の目的のために無意識のうちに過去を操作するかもしれないということです。

しかし、私は特にミースに関心があります。先生は、一六世紀イタリアのマニエリスム、一九世紀の建築構成、そしてシカゴ派式鉄骨架構《フレーム》との関連性の中で、彼の建築について痛烈なコメントを発表されました。また、さらに長い論文の中では、ミース、新古典主義、および近代建築の間の相互作用について考察なされました。[*3] 私は、近代建築にとって、およびミースによる覚醒の後に続く建築家たちにとっての高層建築と構造フレームの重要性について特に興味があったため、先生のご考察はとりわけ私にぴったりだったのです。ミースは、自分の建築にただならぬ権威を与えた「理想的秩序原理」を創出したと先生は分析なされました。彼の建築上の立場とは「純粋さ」であり、それは「一途な心の中の壮大な言葉」であり、そしてそれは「要求」となったとお書きになってます。そして先生は「変化の誘因」はこの状況のまさに本質的部分に受け継がれたのだとのご示唆です。なぜなら彼の建築は、一つの要求でありそれは「最近、ミースの弟子たちが思いのままにしてきた中で反ミース的な態度をとる人々」を刺激したからです。

＊2 Peter Ackroyd, *New York Times Book Review*, January 19, 1986, p. 3.

＊3 Colin Row, *The Mathematics of the Ideal Villa* (Cambridge, Mass., 1976). 伊東豊雄・松永安光共訳『マニエリスムと近代建築』彰国社、一九八一年。特に、「理想的ヴィラの数学」「マニエリスムと近代建築」「固有性と構成……あるいは一九世紀における建築言語の変遷」「シカゴフレーム」、そして「新古典主義と近代建築……I」

このことから、先生はミースのすべてを把握しておられるように思えます。先生は彼の成果を、二〇年代、三〇年代の間に展開したと規定なされました。つまり、なぜ彼の作品はそんなに急に、必然的に、説得力を持って現れ、アメリカにミース派モダニズムの弟子たちを生みだしたかを説明なさり、そして、それに対する強烈な反動の理由を提起なさったのです。

私はこのスケールの大きな評価が抗し難いものだと分かっただけでなく、その中のいくつかのディテールが、私の特に興味あることに語りかけていると気づいたのです。先生は高層ビルの構造フレームを、一九世紀末のアメリカのものと、後にヨーロッパのモダニストたちによって用いられたものとで区別なさいました。先生はこうお書きです。「ヨーロッパの先駆者たちのことを考えると、彼らにとっての構造フレームとは、一体となった有意義な事実というよりは、むしろかなりの比率でそれは核心をなす理念だったという考えに取り付かれてしまう。それに対しシカゴでは、フレームは理念と言うよりはむしろ事実として把握されたといえよう。」[*4] 先生はミースの一九二二年の鉄とガラスのスカイスクレーパー案を「大義の宣伝……高度に励起されたシンボリックな言葉……絶対的な社会批判」と定義し、それは「利他主義的な社会秩序」を暗示すると書かれ、また「われわれの感傷的なユートピア思想に対する道徳心と美学的興味の双方」を結び付けたとお書きになっています。手短に言えば、ミースは高層ビルを「何か使うためのものというよりはむしろシンボルとして」表現し、「それは、技術によって支えられた未来社会のシンボルだった」[*5]のです。

私はこうした考察が非常に重要なものだと気づきました。それが事実と理念を併置しているからとか、建物が意味を伝達するのを仮定しているからというだけではありません（私は、視覚的考察は言葉の上での考察と同様強力な道具だという意見を支持しています）。とりわけ、古い東北部、未開のヒューストン、凍えるシカゴ、あるいは蒸し暑いカリフォルニアといった

＊4　コーリン・ロウ「シカゴフレーム」（注3）pp. 99-101.

＊5　同右、p. 106.

都市の中に、第二次世界大戦後の何十年にもわたってアメリカ人たちが、ミース風高層建築の亜流を詰め込んできた理由を提示したからです（図3・1）。すなわち、こうした建物は単に建築するのに実利的だっただけでなく、輝かしい現在についてのメッセージを広く流布したのです。ロウ先生、このようにして先生のご深慮のおかげで、ガラスの摩天楼が一般に熱狂的に

図3・1　ニューヨークのパーク・アヴェニュー

支持されたという私の心の中に常に引っかかっていたある形の定まらない疑問が形になり、そしてその説明が提示されたのです。

この方向が示されてから、私はミースの建築についてより詳細な研究を始めました。それはミースが、一九二一年一二月に発表されたフリードリヒ街の高層ビルのコンペに参加した、すなわち「新建築《ノイエス・バウエン》」*6を彼が意識的に取り上げた時点に始まるものでした*7（図3・2）。ここですぐに、私は予期せぬ矛盾に直面しました。フリードリヒ街のガラスの塔と一九二二年の同様のプロジェクトについて書いたとき、ミースは、その美的可能性の高さゆえに鉄骨フレームの施工上の特質を賛美したのです。つまり、摩天楼の「構造的性質」は、「すべての芸術的設計の基盤である」「巨大な鉄骨ウエブ」の中に見いだされるべきものであると。すぐにその後、彼は形態上のデザインに対するすべての努力を本質的に放棄しました。

> われわれは、すべての美学的思弁、すべての教義、すべての形式主義を拒絶する。
> 建築は、空間に翻訳された時代意志である。
> それは、生き生きとして、変わりやすく、新しい。*8

しかし、プロジェクトそのものは建築へと形づくられたガラスの板を見せる形態構成であり、いかなる構造への配慮も表現されていない理想的で抽象的なデザインでした。ミースはこうした高層建築がどうやって建設され、建てるためにはどのような構造システムが可能なのかを何ら示しませんでした。*9 彼の書いた文章と描いた絵は互いに噛み合わずにすれ違っていることがはっきりしています。すなわち、文章上の言葉が要求したように形態は構造から引き出されたのではなく、彼の述べた構造上の主張は形態上の表現では現実化されなかったのです。

*6　新しい建築がドイツで定義されたのは、Norbert Huse, *"Neues Bauen" 1918 bis 1933. Moderne Architektur in der Weimarer Republik* (Munich, 1975).

*7　Ludwig Mies van der Rohe, "Hochhausprojekt für Bahnhof Friendrichstrasse in Berlin," *Frühlicht* 1 (1922), pp. 122-124.

*8　Ludwig Mies van der Rohe, "Bürohaus," *G. Zeitschrift für Gestaltung* (Berlin) 3 (June 1923). Mart Stam, *ABC Beitrage zum Bauen* (Zurich) 3 / 4 (1925), pp.4-5, この構造と形態の不整合を認識し、結果としてミースのガラスの塔を再設計するという、可能ではあるがきちんとディテールのなされていない建築物を提案した。

*9　Steven K. Peterson, "Idealized Space : Mies-conception or Realized Truth?" *Inland Architect* 21, 5(May 1977), pp. 4-11.

彼の一九二二〜二三年の鉄筋コンクリート造オフィスビル案では、もう一つの矛盾が指摘されています（図３・３）。「鉄筋コンクリート柱梁構造」はこの計画にとって決定的なことであり、構造システムは規則的に配置された鉄筋コンクリート造の柱と梁に基づいており、その梁は床、天井、屋根としての鉄筋コンクリート造のスラブ、[*10] あるいはミースの言う「骨格と皮膜の構造」を支えていると強調しました。この印象的フレーズは、カーテンウォールの高層ビルの標語にもなりましたが、それは二〇年代初頭まではかなり開発されており、このプロジェクトでも採用された建築材料や技術よりもドラマティックなものでした。さらに、この構造システムのディテールは、ミースの描いたこの建物の素晴らしいドローイングにはほとんど見られません。彼はまた、連続するガラスの「皮膜」をも採用しませんでした。そのかわり外観は、後退したガラスの帯と交互に現れる、水平に延びるコンクリートの帯によって構成されています（スラブは外周に沿ってパラペットになるよう折り上げられています）。各階ともその下階よりも出っ張っており、水平に積み重ねられたプレートといった印象を強調しています。デザインとして、またミースが書いたものの中で彼にとってより重要だったのは、ここで彼が近代的オフィス空間の特質というこの時代の基本的な建築の課題に取り組み、いかにそれがフレキシブルで、働きやすく、効率的で、楽しいものに作り得るかを明らかにしたことでした。この目的を達成するための鉄筋コンクリート構造は建築的に造られましたが、[*11] 構造的に決定された形態に関する言葉と視覚的表現は無関係なままでした。

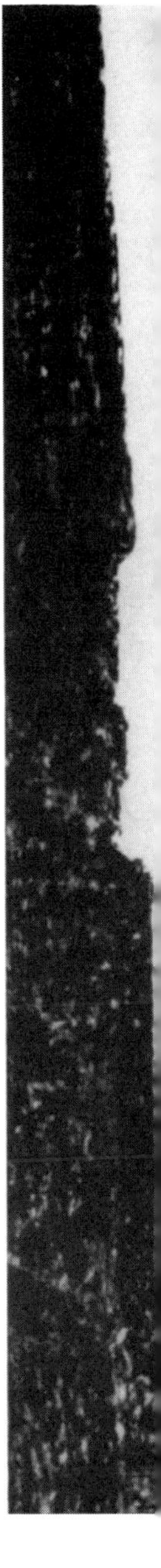

図３・２　フリードリヒ街オフィスビル案、ベルリン、一九二一年、透視図

＊10　Mies, "Bürohaus" (note 8). F. von Emperger, *Handbuch Für Eisenbetonbau*, 4 vols. (Berlin, 1907–09) での、このプロジェクトについてのミースの宣言は、二〇世紀最初の十年間までに開発された鉄筋コンクリート技術の概括を提供している。現存する文書から明らかになった範囲で、ミースのオフィスビルの技術に関してもまた、デヴィッド・P・ビリントンとロバート・マークによって一九八四年六月に議論されている。

図3・3　鉄筋コンクリート造オフィスビル案、一九二二～二三年、透視図

＊11　一九二二～二三年のコンクリート造の田園住宅は、似たような形態と構造の不整合を表している。個人のプライベートな生活と最も緊密な関係を持つこの一世帯用住宅は、鉄筋コンクリート造として基本的には表現されていない。しかしある意味でそれは住宅の伝統に挑むものであり、明らかにその時代のワイマール・ドイツのためのものだった。フラットルーフ、連続水平窓、お互いに解放的に流れ込むさえぎるもののない空間は、伝統的住宅とあまりにも異なったデザインとして実を結んだ。一九二三年に最初にこの模型を見たとき、グロピウスでさえそれを住宅だとは分からなかったほどだ。一九二三年六月七日、グロピウスのミースへの手紙。アメリカ国会図書館。

＊12　柱、梁、根太によってなるフレーム。構造のディテールはこの建物が建てられたヴァイセンホーフジードルングの公式パンフレットに書かれている。*Werkbund Ausstellung die Wohnung*(Stuttgart, 1927), p. 25.

一九二六年に設計されたヴァイセンホーフジードルングの彼の建物（図3・4）では、ミースはこの構造と形態の間の対立関係を鉄骨フレームによって解決し始めました。ここで初めて彼は、プロジェクトか現実化した構造のどちらかという中から片方を実際に採用したのです。三階建ての集合住宅の外壁は、平滑なスタッコと大きな窓とガラスのドアによって形取られ、組積造で作られています。床と屋根では根太の間に穴あきコンクリートブロックが敷かれました。[*12] 鉄骨フレームは、このプロジェクトでのミースの建築観にとって決定的なものでした。彼は、このフレームについて「最も適切なシステムであり、それは合理的に生み出され、内部空間を分割するためのあらゆる自由を与えるものだ」[*13]と言いました。そのため彼は、固定した壁を住戸間を分離するためだけに限定して用い、可動間仕切壁を導入し、ファサードをガラスによって広く解放できました。そうした方法によって彼は、一九世紀中葉以来用いられてきた連続住宅やアパートの標準的配置という[*14]、彼がここで採用した伝統的プランと、平坦で飾り気のない表面と長く水平な窓を持つ明確な近代的エレベーションとを仲立ちすることができたのです。

メインの東西面のファサードは大まかな対称形と細部の非対称形によって構成されています。しかし、それが実際にはスタッコの層の裏に隠されていたにもかかわらず、ミースはその中に構造フレームを弛まず認識していました。[*15] 長く水平に延びる窓の帯の中に、スタッコの薄い断片が垂直に入って規則的な鉄骨柱の配置を印しています。鉄骨の梁は窓のリンテルの高さを定め、構造フレームの幅から建物のコーナーに近接する窓配置を決めています（図3・5）。このように、構造フレームのグリッドが立面の構成、すなわち平坦な表面の背後にある目に見えないものの存在をコントロールしたのです。

こうしてヴァイセンホーフで実際に作られた鉄骨フレームは、机上の理論を反映した提案と

＊13 Ludwig Mies van der Rohe, "Zu meinem Block," *Bau und Wohnung* (Stuttgart, 1927), p.77.「ここでは柱梁の骨組が適した建設工法である。合理的な建造を可能にし、内部の部屋の区画をそれぞれの自由に委ねられる。」

＊14 このレイアウトの形式は、すでに一八四九〜五〇年にはベルリンの集合住宅プロジェクトで見られる。例えば階段は、各踊り場で右と左の住戸にアクセスし、サービスコア、厨房、浴室が階段室の壁面に沿ってクラスター状に配置されている。D. Rentschler and W. Schirmer, *Berlin und seine Bauten*, IV B (Berlin,1974), p. 8参照。コーネル大学での建築史の授業で、マーク・スタンカードは、一九八四年秋に用意したセミナーの資料の中で、これら、およびその他の例を挙げている。しかしながらミースの各住戸内の可動間仕切は、内部の間取りが各住戸によって変化できることを意味し、通常の耐力壁による住宅と彼のプランとを明解に区別している。

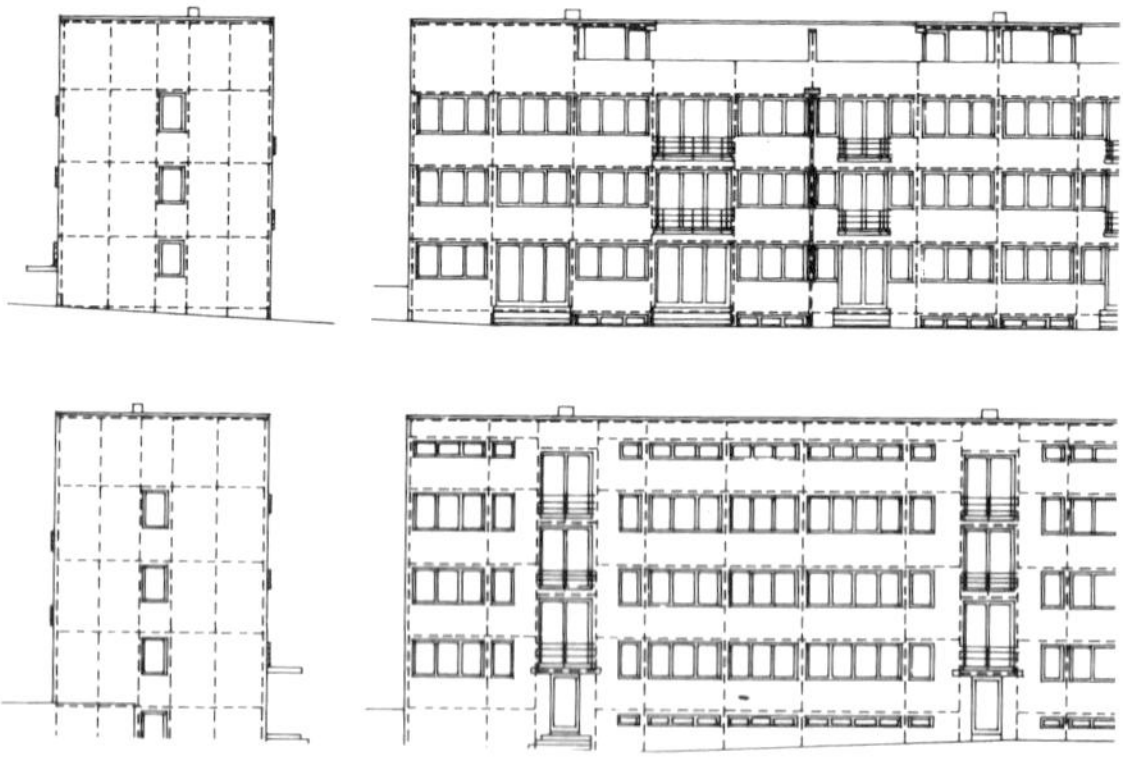

図3・4　ヴァイセンホーフジードルングのアパートメント、シュトゥットガルト、一九二五〜二七年、西側立面

図3・5　ヴァイセンホーフジードルングのアパートメント、立面に鉄骨フレームを重ねた図

しての構造フレームにとって代わりました。つまり、ミースはこの建物で、以前のような形態上の目的に従うというより、その実際上の有利さという言葉によって構造フレームを議論したのです。それでもなお構造フレームは、プランとファサードの間の媒体となり、それぞれが他方と共鳴しつつも独立して認識されたのです。

　ヴァイセンホーフの十年後、アメリカに出発する前、ミースは住宅のデザイン、バルセロナ・パビリオン、クレフェルト・ゴルフクラブ案、その他の一、二階建ての建物のすべてで鉄骨フレームを扱っていました。しかしながら彼はまた、ガラスに覆われた鉄骨フレームを持つ中高層ビルに挑んだいくつかのプロジェクトをかかえており、そのうち三つは早くも一九二八年という早い時期のものでした。ベルリンのアダム・デパートとシュトゥットガルト銀行は建てられる予定でもたし、アレクサンデル広場の設計競技は啓蒙的性格を持つものでした。しかしこれらすべての建物は（アレクサンデル広場のために提案された一四の案を含んで）、一階部分で鉄骨フレームがむき出しになったガラスに覆われた長方形の箱でした。[*16]

　アダム・デパート（図3・6）とシュトゥットガルト銀行（図3・7）とに用いられたガラスのカーテンウォールは、何も遮るもののないグリッドを形作り、細い垂直材と幅太の水平材のフレームによって保持された大きなガラス板によって構成されています。丸みを帯びたコーナー部は壁面の平滑で連続的な性質を強調し、構造の周囲に緊張感を持って貼られた薄いシートといった印象を与えています。壁面が一階までは引き下ろされていないために、構造フレームの長方形の柱はそこでむき出しになっています。一方で、構造はガラスのシートの背後に隠されており、まるでいまだにヴァイセンホーフのスタッコ面を取り扱っているかのように、ミースはそれを透明と言うよりはむしろ不透明なものとして描写しました。ガラスのすぐ後ろに立っている柱と床スラブの構造体を見ることも、壁の構成からそれを支える構造体を認識する

*15　ファサード全体の表現については、ニューヨーク近代美術館ミース・ファン・デル・ローエ資料室、図面四六九および四七四を参照。*Bau und Wohnung* の中にある二、三枚の写りの悪い工事中の建物の写真は、構造フレームの三次元構成およびその空間を満たす窓と壁との関連性を示している。ミース保存書庫内にある施工図面は、構造フレームと建物の他の部材との接合部を描き出している。

*16　フランツ・シュルツ、『評伝ミース・ファン・デル・ローエ』（澤村明訳）鹿島出版会、pp. 146-151. さらに視覚的資料としては、"Mies van der Rohe Centennial Exibition," Museum of Modern Art, February 10- April 15,1986.

ことも不可能なのです。[*17] これらのプロジェクトでは構造体も皮膜もディテールまでは設計されていません。しかしながら、それぞれは別個のものとして認識され、片方が他方の上に焼き重ねられたのです。

この十年間で鉄骨フレームの中高層ビルを建築したミースにとってのたった一度のチャンスが、一九三一～三五年のクレフェルトの製絹業連合[*18訳注]という四階建ての建物でした。このとき、また後の一九三七年に設計され結局は建築されなかった四階建ての管理棟について、彼はヴァイセンホーフと同じように構造を平滑なスタッコとガラス板で包み込むというプロセスを採りました。[*19] そしてシカゴに移住し、IITのキャンパスや校舎の仕事を始めてから、彼は構造フレームと皮膜の研究へと目を向け、一九四六年の解決までそれを追求していったのです。

図3・6　アダム・デパート案、ベルリン、一九二八年、透視図のコラージュ

図3・7　シュトゥットガルト銀行案、一九二八年、フォトモンタージュ

*17　この言葉は少々修正、強調されるべきだろう。遠く離れてみると、アダム・デパートの床スラブはガラスの皮膜の後ろに微かに見えている。それがあまりに薄かったため、ミースはスラブを鉄骨にしようと考えていたのかも知れないと、アーサー・ドレクスラーは推測している。"Mies van der Rohe Centennial Exibition," Museum of Modern Art, 帯注釈。一階上部で、ガラスの皮膜は幅の狭い短冊状に張り付けられ、それは微妙な凹目地を作り出し、抽象的な構造柱の上の抽象的なエンタブラチュアを暗示している。われわれは、ある種の古典主義としてこの建物を捉えるべきだろう。側道に沿った低い壁は、柱が地上に立つ場所を曖昧にし、うたかたな感じ、あるいはおそらく特定性のなさという性格を建物に与えた。それは皮膜と床スラブの扱いと同様に固有のものである。

一九三九年のIITキャンパスの基本設計[*20]（図3・8）には、一九二八年のベルリンとシュトゥットガルトのプロジェクトより援用された建物がいくつか含まれていました。そこでは、構造上の柱のグリッドが一階ではむき出しにされ、編み目状のガラス板と構造フレームが、上層階の周囲に薄く緊張感を持って貼り付けられました。しかし、キャンパスの外周部を縁取る四つの細長い建物については、ミースは新しい考えを導入したのです。妻側はコントラストのある水平の帯によって処理され（図3・9）、階段室はそれぞれの建物の片方の平側に取り付けられました。このようにして、建物の構成は連続性を持って包み込まれた箱から、前面、背面、そして側面を明確に持つものへと変化したのです。二、三年のうちにミースは、自身の研究課題を解決するためにこうした区分を利用しようとしました。しかし、この努力によって仲介的段階を確立したのは、一九四〇年代初めのいくつかのIITの建物だったのです。

新しいIITの建築物の内でいちばん初めのもの、一九四二～四五年の鉱物金属研究棟（図3・10、11）でミースは、窓や煉瓦をはめ込んで行く構造フレームを建ち上げるために、アメリカのいたるところにある構造材、I型鋼を採用しました。構造フレームとその中にはめ込まれるものが一度にそして同時に見えるということを除けば、これはヴァイセンホーフやクレフエルトのシステムでした。広々とした窓を持つファサードは、煉瓦で覆われた妻側とは区分され、一九三九年の計画案での外周部の建物の考え方を援用しています。構造フレームも煉瓦造の壁もスタッコで覆われていなかったために、以前の計画では窓だけで済んだのですが、今回はそれら両方ともに正確なディテールを施さなければなりませんでした。スタッコあるいはガラスのいずれにせよ連続的な皮膜を欠いたことは、一面ではミースが、構造体とそこにはめ込まれたものの双方に建築的重要性を与えるために壁面の連続性を犠牲にしたということを意味しています。

シュトゥットガルト銀行のプレゼンテーション図面では、微かではあるが皮膜と構造の間の建築的相互関係を暗示する、いくつかの垂直方向の支持材がガラスの後ろに見える。アレクサンデル広場の設計競技での建物は、デパートと銀行よりもより図式的に描写されているが、構造と皮膜の議論は同じものであることが分かる。

この点では、ミースの一九二九年のフリードリヒ街オフィスビル案と一九三三年の帝国銀行においては、構造と皮膜の論理は約束されたものではなかったと言えよう。ミースは、これらの構想において単に平坦なカーテンウォールの特質のみを研究したのだ。

*18　この工場はWolf Tegethoff, "Industriearchitektur und Neues Bauen, Mies van der Rohes Verseidag-Fabrik in Krefeld," *Architecture* 13 (May / June 1983), pp. 33-38. Philip C. Johnson, *Mies van der Rohe*, 3rd rev. ed.(New York, 1983), で議論され、pp. 128-150 に管理棟計画が描かれている。また参照、"Mies van der Rohe Centennial Exibition," Museum of Modern Art.

訳注　別名フェアザイダーク。

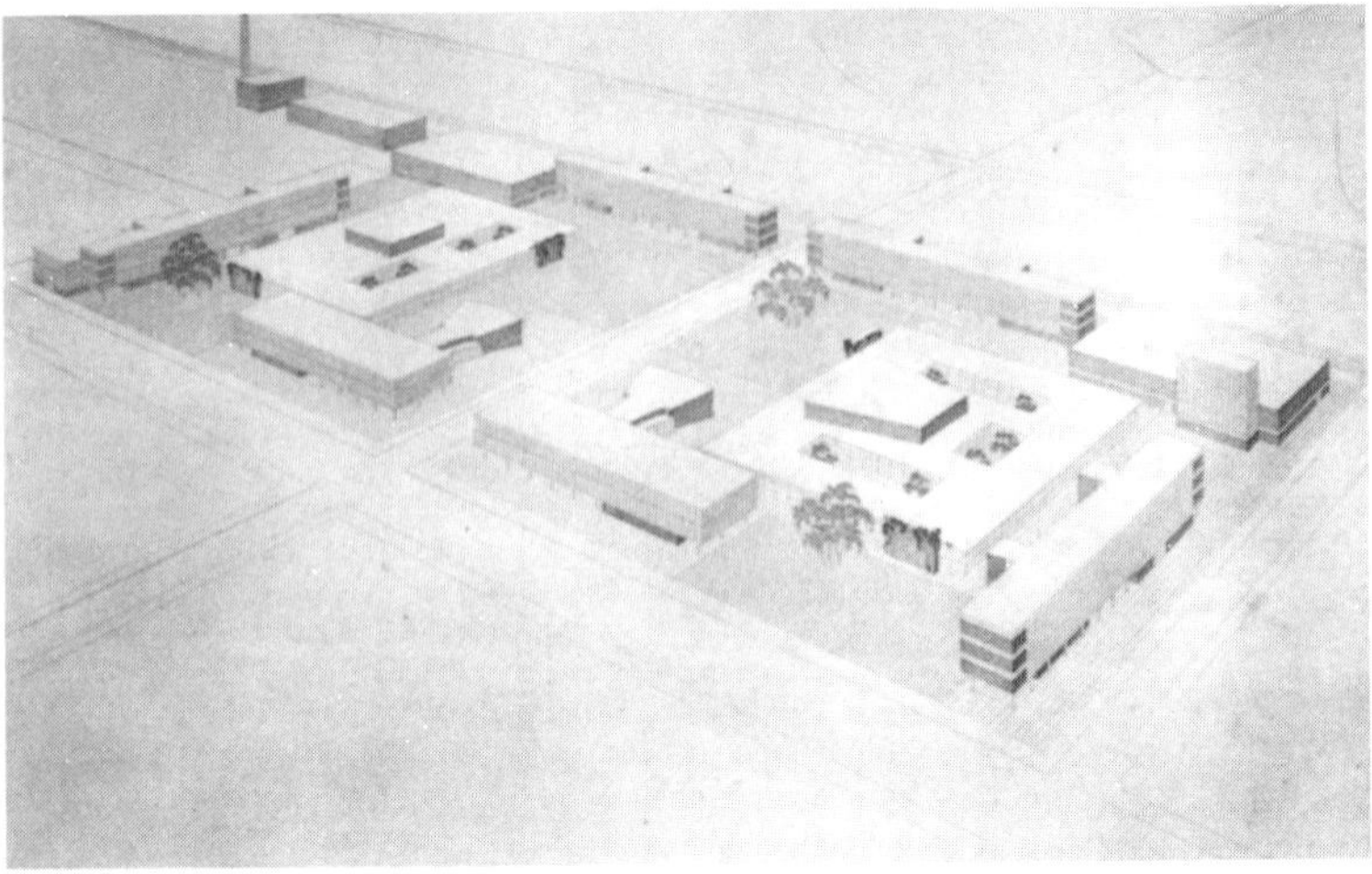

図3・8　IITキャンパス、シカゴ、一九三九年、初期案

図3・9　IITキャンパス、一九三九年頃、教室棟の初期デザイン

＊19　ミース事務所のアシスタント、エリック・ホルツホフは、一九三七年の計画の線描図面を準備し、その後ミースが陰影を付け加えた。これらのレンダリングに描かれたように、陰影によって特に強調された点は、皮膜は連続的で平坦なヴァイセンホーフの強調されたものであり、窓ガラスは少し奥まるのではなく、スタッコと同じ平面上に配置されていることだ。

現代的だったのですが、しかし実現しなかった図書館・事務棟のプロジェクト（図3・12、13）で、彼はその問題にまた違った方法で取り組みました。それは二階建ての高さでしたが、ミースはこの建物を一層の空間として取り扱いました。そうすれば当時の建築法規に従って、ミースは耐火被覆されていない構造材を使うことができたのです。三〇年代近くにバルセロナ、トゥーゲントハットやその他のプロジェクトで十字型の柱を用いたように、自立するI型

＊20　IITの計画と建設の日々は、いまもなお明らかにされるのを待たれる。IITの構想を研究し、キャンパス・デザインについてやがて出版される本の編集者でもあるケヴィン・ハリングトンは、親切にもIITの建物の歴史についての知識と考察を著者と分かち合ってくれた。ジョンソン（注18）pp.131-153は、一九四七年までのプロジェクトと建物について最も完全な形で出版された編集文書を提供してくれた。シュルツ（注16）pp. 218-230, は、"Mies van der Rohe Centennial Exibition," Museum of Modern Art と同じく、特別な提案について簡潔にまとめてくれた。

図3・10　IIT鉱物金属研究棟、シカゴ、一九四二〜四三年

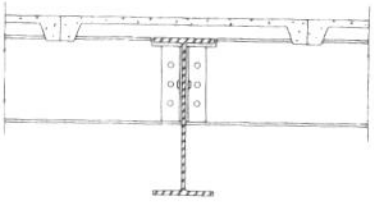

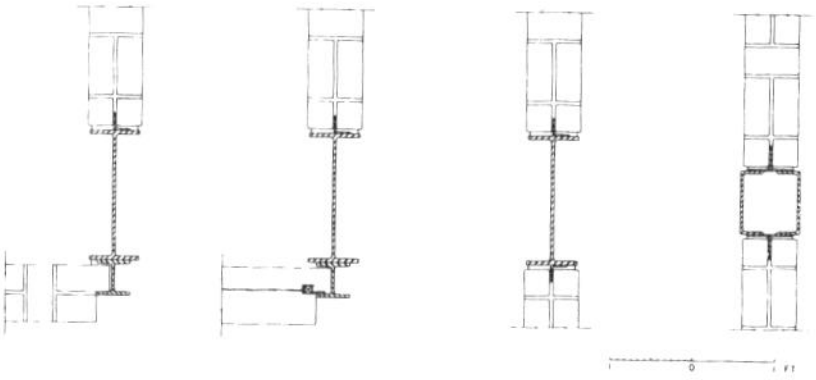

図3・11　鉱物金属研究棟断面詳細

図３・12　ＩＩＴ図書館・事務棟案、シカゴ、一九四四年、透視図

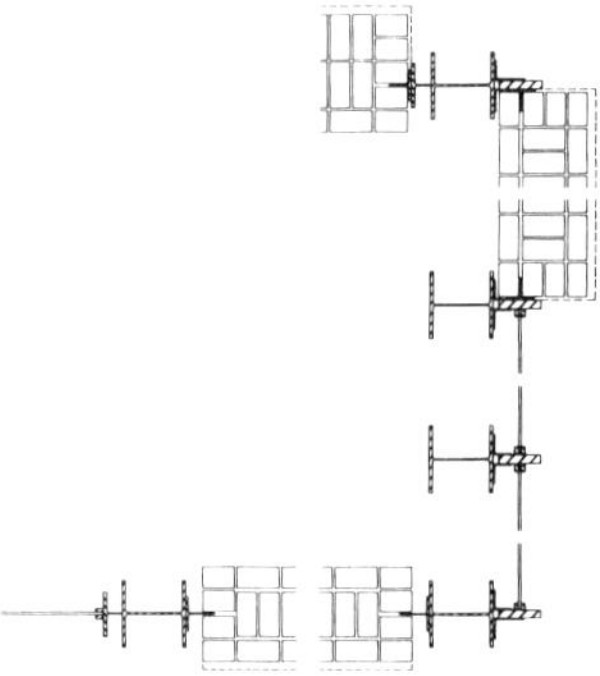

図３・13　図書館・事務棟案、断面詳細

鋼を用いることによって、彼は大面積のガラス板や煉瓦造の壁に取り巻かれた大スパンの構造グリッドを確立したのです。外部では、Ｉ型鋼の柱は妻側のみに表現されています。ここでの結論は、薄い皮膜が外部のほとんどを占めており構造はある一部にのみ表現されていた、アダム・デパートやシュトゥットガルト銀行のヴァリエーションなのです。

続いて一九四五〜四六年に建てられた同窓会館《アルムニ・ホール》（図３・14、15）です。この二階建ての建物のＩ型鋼の柱は、コンクリートの耐火被覆の中に埋め込まれねばなりませんでした。このときミースは、この現実的要求に対して断固とした建築的対応をしたのです。図書館・事務棟のプ

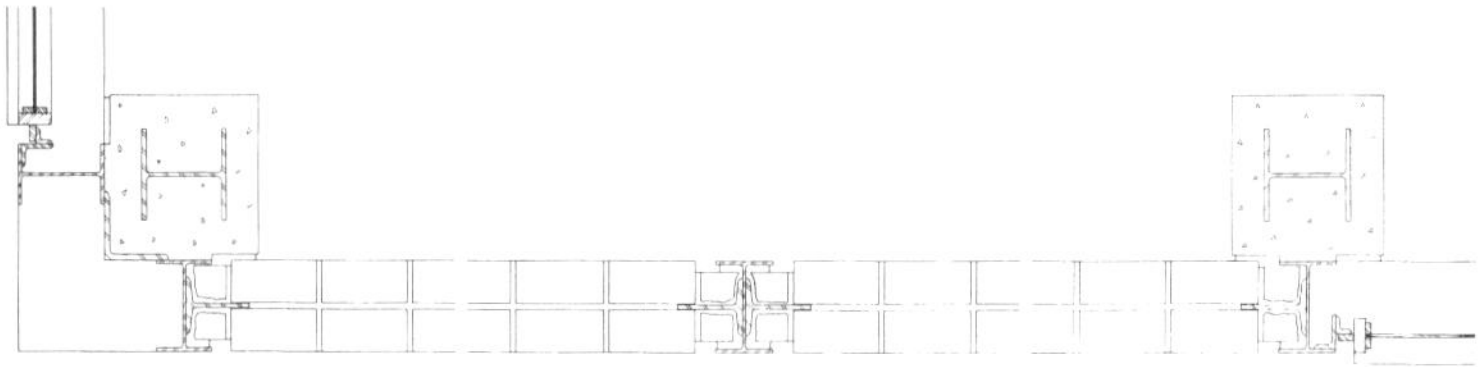

図3・14　IIT同窓会館、シカゴ、一九四五〜四六年

図3・15　同窓会館、断面詳細

ロジェクトと同じように、彼はガラスと煉瓦で構造体のまわりを取り巻きました。しかし彼は、構造を象徴的に外壁面に表現することを選んだのです。彼は煉瓦とガラスのフレームとして、より小さなI型鋼とT型鋼の部材によるシステムを開発しました。それは外壁面に構造グリッドの視覚的表現を授けました。このシステムによってコーナー部では柱の一部が露出し（コンクリートで被覆され、金属によって化粧が施されていましたが）、またしても象徴的な構

図3・16　プロモントリィ・アパートメント、シカゴ、一九四六〜四九年、透視図、当初の鉄骨造案の透視図

造表現が確立されたのです。[21] その小さなI型鋼による構造フレームは壁面をあるべき位置に保持し、それを視覚的に秩序づけています。形態と機能の面では、I型鋼の柱のヴァリエーションがこの建物の主要な構造エレメントとして用いられています。しかしながら、I型鋼の構造フレームは実際には外部でのように露出しておらず、そのためこの二つのシステム間の建築的相互作用は部分的にしか誇示されませんでした。

一九四〇年代初期のこうした研究によって、一九四六年にはプロモントリィ・アパートメントのデザインがミースによって生み出されることになりました。ここで彼は、構造と皮膜の論理[22]について新しい局面を確立したのです。プロモントリィの鉄骨造案（図3・16、建ち上がった構造体にはコンクリートのフレームとIITの計画と良く似たデザイン方針を採用しました）では、背の高い直方体の箱が壁面によって均一的に囲われているというよりむしろ、明解に前面、背面、そして側面を持っています。つまりここでミースは、一九三九年のIITの計画で示唆したものを援用したのです。この構造フレームのコンクリートで覆われた柱は、以前の計画と同様に一階レベルでむき出しにされましたが、側面ではさらに支柱と梁が見えるように付加されました。金属とガラスの壁面はファサードのみに取り付けられましたが、以前よりずっと複雑な構成になっています。I型断面を持つ突き出たマリオンは、構造フレームの柱のようであり、四つが対になって構造フレームによって規定された一つのベイを作り出し、そして平坦なスパンドレルとガラス板から視覚的に力強く分離されました。このようにミースは、側面には壁のはめ込まれた構造フレームを表現し、ファサードには高度に分節されたカーテンウォールを表現し、その各々が完全に全体デザインの一部をなしたのです。カーテンウォールは構造フレームの変形であり、そして壁のはめ込まれた構造フレームはシート状の皮膜のヴァリエーションでした。皮膜はファサードにおいて構造体を表現し、構造体は側面で皮膜の特徴

*21 シュルツ（注16）p. 226は、建物のコーナーのディテールに神経を集中させたものの、このデザイン戦略を端麗に要約している。「……同窓会館の本当の構造は隠されながらも表現されているのである。判るのは見えるものではなく、見えるものによって明らかにされるものなのだ。ミースの論法は……鉄の支持骨組が建物の基本ないし本質であることを誇示するために外見上見せるよりむしろ示している。さらに、見せているものが真実ではなく真実の象徴であると判らせるために、柱を覆う鉄板と皮のI型鋼は地面の手前で終わっている。」

*22 この計画に関する明確な資料は、同右 pp. 241-243 参照。

を暗示したのです。[*23]

二〇年代の初期、ミースは高層建築における構造と皮膜の対立を認識していました。たびたび彼は、このおそらくは調和不能な非整合性へと立ち帰り、ついにプロモントリィで非常な力強さと権威をもつ建築的調和を創造したのです。この解決方法を得たことによって、彼はそれ

図3・17 建設中のレイク・ショア・ドライヴ八六〇―八八〇、シカゴ、一九四八～五一年

＊23 Marvin Trachtenberg, "Modern Architecture," in Marvin Trachtenberg and Isabelle Hyman, *Architecture From Prehistory to Post-Modernism / The Western Tradition* (New York and Englewood Cliffs, N.J.,1986), p.538 彼は、シーグラム・ビルの議論の中でこの点を強調している。「構造体の内の重力を表現するために柱が古代から一九世紀まで使われてきたように、構造上、I型梁は新しい構造事実の真の象徴として小さな規模で視覚上どこにでも存在するであろう。」

をもとに以後レイク・ショア・ドライヴ八六〇－八八〇アパートメント（図3・17、18）やシーグラム・ビルのような優美な傑作を実現したのでしょう。

ロウ教授、とんでもなく長々とした文章であったことをおわび申し上げます。……私が文章を約束より短くできなかったことを懺悔したとお伝えしてもなおのことです。しかし一方では、私がミースと高層建築の構造フレームについて考えるとき気にかかっていたことを表現することができたのではないかと思います。先生の構造フレーム論という抽象的でスケールの大きなご評価と私の詳細で特殊なものとの相違を私に認識させたのは、先生のご議論によって刺激されたこの考えだったのです。相異なった経路によって、私たちは建築の意味と重要性に関する異なった理解の地点に到達したことがはっきりしました。先生はミースの作品を現代建築の考察へと導くプロセスの一部であるとして一般化なさいました。[*24] 代わって私は、ミースの作品を説明する最終的な結論をもって特殊なプロセスを研究いたしました。これが私が最初に先生に手紙を書いた新しい歴史分野なのです。先生がこれにお答えいただければ光栄に存じます。

謹白

一九八六年七月四日

ヘケイニアン・ウッズ拝

ワシントンDC　二〇五〇六

NW　ペンシルヴァニア通り　一一〇〇番

ヘケイニアン・ウッズ殿

＊24 Colin Rowe, "The Present Urban Predicament," *The Cornell Journal of Architecture* 1 (Fall 1981), pp.16-33. 近代建築の製作における「時代精神《ツァイトガイスト》礼拝」と「物理学羨望」の極性について論じている。

ウッズ様

　こうしたすべてのミースの言葉やプロジェクトや建築を整理するという貴殿の狂信的行動について考えると、完全に私は冷汗でびっしょりになってしまいます。しかし、私も同じような儀式にかかわらざるをえないなどと貴殿が言わない限り、貴殿がそうするのは私にとって幸せなことなのです。最も基本的な歴史的状況においてさえ「一般化とはテクスチュアの厚みをほとんど尊重しないだろう」、しかし「もしそれが道具以外の何物でもないと理解されるなら、少なくともそれは事実に対して何らかの大まかな判断を下すであろう」ということを、多かれ少なかれ私はどこかで確かに観察しています。そして私は「非常に押しが強ければ考察しつつ進んでゆく際に人は正当化されるかもしれない」[*25]という疑問に関する適度の雑音をあえて作り出しています。そして私は、「人は推測するかも知れない」や「人は信じるかも知れない」といった否認をも提供しています。言うべきは、貴殿がミースの沈澱物を浚渫する際に、事実と反省、証拠と解釈といった良くある対立をかなり見過ごしていたことが明らかになったということです。こうした対立とはおそらく、貴殿が自分の研究方針を遂行する方法を、そして私が自分自身のそれを遂行するまた違った方法を説明するものなのでしょう。

暴言多謝

コーリン・ロウ

一九八六年七月一五日

ニューヨーク州イサカ　一四八五三
コーネル大学建築学部

*25　この段落中の引用文に関しては、ロウ（注3）p. 122 参照。

図3・18　レイク・ショア・ドライヴ八六〇－八八〇と九〇〇－九一〇、シカゴ

コーリン・ロウ教授

ロウ先生

私には分析のルートを近道しようなどという意図はありませんでした。そのようなことをしても良いものができないことは十分心得ていたからです。しかし、私がミースの作品を探索したときに育ち始めた認識とは、理解することは特殊な状況の多様性を認知することに多くを負っているということでした。言葉は、それらが本来作り出されたコンテクストが一掃されたとき、攻撃に対して弱くなってしまうことを私は見てきました。孤立して用いられたとき、それは無意味なものになってしまうのです。……あるいは、結局同じことなのですが、用いる人がそうであって欲しいと願う、どんな意味をも持っていると唱えられるのです。

シーグラム・ビルは高度に分節された複雑な言葉です。もしもそれが現在において孤立した物だとしてとられたなら、最も奇妙な考察が結論となるかも知れません。最近語られた例としてはこういったものでしょう。「まさにファサードは一種の装飾である。なぜならファサードに取り付けられた垂直に立つブロンズのI型鋼は、実際の構造上の目的には何ら寄与していないのだ……それらは全くモダニストの装飾の形態なのだ。*26」このことは、著者はシーグラムをほんの一瞥を下すだけの認識しかしていないことを意味します。というのは、I型鋼はファサードに取り付けられたのではなく、その主要部分を構成しているからです。しかしながら、この警告の他の側面は私に関係があります。もしこの建物が自身の歴史的コンテクストの中に置かれ、（七月四日の手紙の中で私が試みたように）それを導き出したプロセスを考慮する努力がなされたなら、この言葉はミースの建築を完全に通り過ぎてしまっていることが明らかにな

＊26　Paul Goldberger, "His Buildings Have the Simplicity of Poetry," *New York Times*, February 16, 1986. ミースの建築を装飾と関連づけようとするより洗練されたもう1つの試みは、Thomas Hall Beeby, "Vitruvius Americanus. Mies' Ornament," *Inland Architect* 21, 5(May 1977), pp.12-15. ミースは「価値ある近代建築を探索」する際に「共有された［建築的］因習の統一」を追求したが、それは彼が「装飾の抽象的方法論」を彼の建築に適用することによって見いだしたものだったとBeebyは論じている。Beebyは、Franz Sales Meyer, *Handbook of Ornament, A Grammar of Art, Industrial and*

るでしょう。この考察は明らかに別次元の協議事項から引き出されています。それはおそらく建築における装飾を正当化するための衝動であり、遡及的にシーグラム・ビルに適用されたものです。そのためにそれは現在に対して害になるのと同じ位に過去を霞ませているのです。

根気強く

ヘケイニアン拝

一九八六年七月一九日

ワシントンDC　二〇五〇六
NW　ペンシルヴァニア通り　一一〇〇番
ヘケイニアン・ウッズ殿

ウッズ様

先日私がラ・ガーディア空港からタクシーに乗ったとき、運転手が私の職業を尋ね、私は建築だと応えました。私たちはそれからパーク・アヴェニューを通り、彼はまわりの鉄とガラスの建物を見ながら言いました。「わたしゃ建築のことなんか何にも知りゃしないが、ますます何に《レス》もな《アンド》い《レス》ものが増《モア》えてき《アンド》てる《モア》のは確かなようだね。」そして、新しいユートピアが過去を拒絶しようとしたとき、まさにこうして私たちは沈黙した不毛の世界へと到達するのです。

しかしそれなら、歴史に関する貴殿の小さな問題について一体われわれは何をすべきなので しょう。私自身は、オリバー・ゴールドスミスの言った「歴史の素晴らしさとは、それを構成す

Architectural Designing in all its Branches, for Practical as well as Theoretical Use, translation of *Handbuch der Ornamentik*, 8th ed. (Leipzig, 1890)で説明された「グリッドから導かれた装飾」にこの方法論を見いだしている。ここで彼は、ミースのバルセロナ・パビリオンやIITの建物にみられる「グリッドから導かれた建築」を援用している。この装飾の規律正しさは、「完璧」で「確信を持った」力強い「本物の」スタイルを結果として導いた点でミースのデザイン手法とも類似していた。Beebyはこう結論付けている。「ミース・ファン・デル・ローエの建築は、『大文字の建築』になるために、そして受け継がれる偉大な地位を得るためにこの光の中で注意深く観察されたのだ。」Beebyの議論は、新古典主義、構成主義、そして「革新的建築工事」を参照することによって入念に作り上げられている。独創的ではあるが、この考察はミースと彼の作品のどちらにも馴染みのない立場を押しつけている。ミースが把握していたように、グリッドも構造も、装飾のシステムについて彼が巻き込まれたいかなる議論とも関連はなく、彼が技術の時代に建築を追求することと関連していたのだ。

る素材よりはむしろ著者の方法論により多くを負っている」というようなものに向かって行きたい気がしています。あるいはおそらく、私はまだ、たしかボルテールだったかと思いますが「歴史はしかし合意されてきた架空の物語なのだ」という名言に近いのかもしれません。

そして運転手は言いました、「建物の中じゃ、わたしゃ煉瓦造りがいいね。煉瓦を使ってきて三千年は間違いなかったんだもの」。四角い建物がいいのと同じく煉瓦がいい。それは、本当に、本当に、本当に、それがいかなるものかなのです。私は一九世紀についての文章を完成させようとしています。そこで私は、フランスと平面の関係とイギリスと立面の関係とを対比させています。他の諸々のことの中で。おそらく貴殿はそのことに関して論争したくてしょうがないでしょうが。

しかしそのとき、過去にそれがいかなるものだったかについて正解を与えようとする貴殿の根気強さは、貴重ではあるがあまりにも誇大妄想的です。質の高い探偵小説でも少し読みなさい。貴殿はそこで寄せ集めた物事だけではミステリーを何も解き明かせないことを思い知るでしょう。その代わり、解決へと行き着いた問題について反省をするのが探偵なのです。探偵とは、すべての事実が出てくるずっと以前に、華麗な規則性に従って一連の明らかな関連性と真の解決とを結び付けることができるのです。

正直に（そして　疲れて）

コーリン・ロウ

一九八六年七月三一日

ニューヨーク州イサカ　一四八五三

コーネル大学建築学部

コーリン・ロウ教授

ロウ先生

私もまた、素晴らしい歴史家たちが探偵小説に魅了されたかもしれないと感じていました。探偵と歴史家は、少なくともある点までは同じような方法を採っているからです。実際、建築史に対する興味が涌いてくるずっと前には、私はミステリーに凝っていたのです。しかし、探偵と歴史家の間には一つの基本的な相違があります。それは『薔薇の名前』[*27]の中で素晴らしく明らかになっています。ウンベルト・エーコは彼の探偵バスカヴィルのウイリアムに、彼の不完全な仮説を基にして正しい解決を導かせようとしました。それにもかかわらず、ウイリアムはその犯罪の犯人、ずる賢い盲目のホルヘを上げることができませんでした。ウイリアムが自分の分析を適合させ修正できたのは、ホルヘが自分のしたことを自白したからなのです。

しかしながら、歴史家としてのウイリアムが過去の出来事の相互関係を明解にし、確かめるとき、ホルヘのような人は決していないのです。結果として、歴史家の分析のコントロールは、より包含的な状況調査を通して明らかにされる動機を理解することによってのみ達成されるのです。

過去から引き出される状況と現在の同様のものとの並立は、この状況を濫用しています。そしてここでその情報を用いる建築家は現実から遊離した神話を紡ぎ上げているのです。こうした遊離が極端なら、社会はそれを精神異常というかもしれません。この一連の考察の中での次なる疑問とはおそらく、「現実とは何か?」ということです。しかし、先生は私の意味するところをお解りでしょう。そして、私はこの質問をそのままにしておきます。それは、いかなる

*27 Umberto Eco, *Il Nome della Rosa* (Milan, 1980), 河島英昭訳『薔薇の名前』東京創元社、一九九〇年。

出来事も私が始めるポイントからはあまりにも遠いのです。

探偵のように

一九八六年八月二二日

ヘケイニアン拝

コーリン・ロウからヘケイニアン・ウッズへのティヴォリのハドリアヌス帝の別荘を俯瞰した絵葉書。

「ハドリアヌス帝の別荘はなんと素晴らしいことか！　巨大な宮殿の集合体……実際小さな都市だ……それは彼が旅の間に見てきたさまざまな歴史的建造物のある一部や細部を再建することで造られているのだ。」

ニューヨーク州イサカ　一四八五三
コーネル大学建築学部
コーリン・ロウ教授

ロウ先生

先生の葉書は、私にあることを思い起こさせてくれました。それは、言葉を自身のコンテクスト中に置くことによって、感覚を言葉へ読み変えるという私の考えが、二つの結論を暗示しているることであり、あるいはさらに特定すれば、過去から抽出された形態を基礎として今日のデザインの創出原理を確立する際の二つの責任ということになります。まず第一に、過去からのどんな特定の状況も、簡単には理解されないということです。つまり、それは矛盾と不明解さの色をどうしても濃くしなければならないからです。建築を過去から考えるときには、その時代固有の価値の体系が規定され、そうした形態が生まれ出たという固有の意味が確定されねばならないのです。[*28] コンテクストを確立すること、そしてそのコンテクストを基にして意図するものを捜し求めることは、洞察するのに同じ物差しを持つという不屈の努力が要求されます。このこつこつ積み重ねる地味な労働が必要なのです。歴史の専門家にとっては現実的な理由です。なぜ建物が今あるように変わってきたのかをそのことがわれわれに教えてくれるのです。

この考察もまた歴史的議論の問題に限定されてはいません。過去の背景からの形態要素を現代のデザインの中のアップリケとして用いている、今日の建築活動の中のこうした領域は、まさにその行為の中で当然のこととして崩壊するのです。一見しただけでそれは、デザインが意味やメッセージや重要性を持つことを証明する簡単な方法であることが判ります。しかし、あるコンテクストの中にある建築エレメントの意味は、異なったコンテクストの中に自動的に移入されうるものでは決してないのです。それを実行するためには、それを取り巻くすべての社会的文化的装置をある場所と時間から他方へと移動しなければならないでしょう。不合理な提案です。なぜなら、そうすれば人は自分自身の現在よりも、むしろ過去に存在するからです。ある文章からの引用を抜き取り、他の紙の上に糊付けしたのでは、意味というものは得られないのです。もし建物が模倣品であれば、それは意味を失っています。ルイ・カーンはローマ時代のヴォールト屋根の偉大さに感銘を受けましたが、キンベル美術館のヴォールトは古代ローマから引用されたヴォールトではないのです。[*29]

*28　この考察は、コーネル大学での特に優れた学位論文 Mark R. Ashton, "Purpose and Purposes in the Study of Art," 1981 での分析に多くを負っている。

*29　「私の心はローマ時代の偉大さとヴォールトで満たされている。それらはあまりにも心の中に刻み込まれているので、私は用いることはできないのだが、いつもそこに準備されているのだ。」*Light is the Theme: Louis I. Kahn and the Kimbell Art Museum. Comments on Architecture by Louis Kahn*, compiled by Nell E. Johnson (Fort Worth, Tex., 1975), p.33. キンベル美術館とそのサイクロイド曲線は、この資料と同様次のものに学ぶことができる。*Louis I. Kahn, Sketches for the Kimbell Art Museum*, Organized by David M. Robb Jr., essay by Marshall D. Meyers (Fort Worth, Tex., 1978).

二番目の責任は、コンテクストを確立する仕事が遂行されなかったときに現れます。この必要不可欠な操作なしに過去から引き出されたデザイン原理は、実際には歴史的な装飾によって正当な外見を与えられた論理なのです。ここで過去は誤った証拠を生み出すために操作されます。その真の本質を認識せずに、その論理は、自身が主張することを正当化するために歴史の権威の上に土手を築くのです。この土手は有力で説得力あるものになり得ます。特殊な歴史的背景は複雑でとらえどころがないというのに、その論理は目的の単一性を通じて明解さを勝ち得るのです。もし歴史のように論理の上にもベールがかけられていたら、過去はおそらく曖昧なメッセージを伝えることでしょう。つまるところ実際に明解で確実なのは歴史的状況なのではなく論理なのです。孤立化した主張がその背景から分離され、同じように孤立化した他の主張と併置されたとき、過去と現在の間の平行線はドラマティックなものになります。スヴレントラメンティ、すなわち周りのすべての構造体をはぎ取ることによって変形された古代のモニュメントについてムッソリーニが言ったように。それらは、「必然的な孤立の中では、ぼうっとして巨大である」[*30]と。こうした誇大に強調された中では、建物はその意味を失ってしまったのです。

私には歴史家も建築家も、こうした責任の重大さから影響を受けているように思えます。歴史家たちは、第二次世界大戦以来アメリカに建ち上がった建物を数十年間にわたって静観し、ガラスと薄い金属フレームの皮膜によって包み込まれた背の高い鉄骨フレームのビルはほとんど重みのないものだと退屈そうに書きました。そして彼らは、二〇年代三〇年代のミースの高層ビルへと立ち帰り、彼の四〇年代のアメリカの作品を観察し、そしてこうしたイメージを心に抱きながら、アメリカの摩天楼をミース的なものとして特徴づけたのです。……この中では、ミースはアメリカ建築の方向を一人で形作ったということが示唆されています。[*31]

*30 Spiro Kostof, *Third Rome : 1870 - 1950, Traffic and Glory* (Berkeley, 1973).

*31 例えば、William H. Jordy, *American Buildings and Their Architects : The Impact of European Modernism in the Mid-Twentieth Century* (New York, 1976), 特に、ジョーディがミースについて議論している第四章を参照。あるいはシュルツ（注16）p. 220.

ミースとよく似た建築に対する姿勢が一九三〇年代、四〇年代にアメリカで巻き起こっていたことを示して、この結論を再評価する努力がなされました[*32]。ミース建築の権威がこの土着の伝統と結びついたとき、力強く説得力のある立場が確立されたのです。しかし、なぜそれほど多くの怪しげな作品がこの時期に生み出されたのかという疑問については、未だにあれこれ言われています。ロウ先生、ここでまたしても私は、また別の卓越した視点からですが、コンテクストが役に立つと信じているのです。

彼の建築の包括的分析では、クトゥラメーラ・ドゥ・クゥワンシーはタイプとモデルを区別しました。前者は姿勢あるいは一連の原理であり、後者は模倣されたものだとしました[*33]。『タイプ』という言葉は、完全にコピーあるいは模倣するイメージよりはむしろ、モデルのためのルールとして用いられるべき一要素という概念を表している。……モデルは……そのものとして繰り返されるべき対象である。逆にタイプとは、それぞれの［芸術家］が芸術作品を全く似ていないと認識できる対象なのだ。」

少なくとも一つのレベル、つまりこの卓越した視点から見て、多くの摩天楼の問題が理解され得るのかどうか私は疑っています。戦後のアメリカ高層建築を造ってきた多くの人々は、ミースの完璧なレイク・ショア・ドライヴ八六〇－八八〇アパートメントのような既存の建物を観察し、それらをモデルとして受け入れ、このテーマに則ってそのヴァリエーションをデザインしてきました。私が以前の手紙で概括したように、彼らはこうした建物が造られるに至ったプロセスを研究しなかったのです。彼らはルールよりもむしろモデルを基にデザインしてしまったのです。

謹白

一九八六年九月二六日

ヘケイニアン拝

「第二次大戦後の建築へのミースの支配力は、主要な国際都市のスカイラインを直線で構成されるものにしたということと、そして一九六九年の彼の死後に起きた彼の教理に対する反動の強さによって測ることができる。」

*32 Christian F. Otto, "American Skyscrapers and Weimar Modern : Transactions between Fact and Idea," *The Muses Flee Hitler* (Washington,D.C.,1983), pp. 151-165.

*33 Quatremère de Quincy, "Architecture," in *Encyclopédie Méthodique*, vol.3, pt. II (Paris, 1825)参照。この引用は、"Quatremère de Quincy, Type," Introduction by Anthony Vidler, in *Oppositions* 8 (Spring 1977), pp. 147-150の翻訳による。さらに最近では、Françoise Choayが建築領域との関連性の中で哲学的、歴史的にこうした理念を展開しており、何かを生み出す力を持つアルベルティのルールの用い方と、ムーアによって提案されコピーされたモデルとを区別している。Françoise Choay, *La règle et le modèle* (Paris, 1980).

第四章　洗練――ミースの文化を彼の筆にたどる

フランチェスコ・ダル・コォ

アレテー。[訳注1] この美しい言葉一語でミース・ファン・デル・ローエの作品を要約できるという気がする。少なくとも彼が常に立ち返っていた言葉である。彼はその上に注意深く座し、プラトンの『国家』をストイックに読んでいた。アレテーとは「獲得」とか「目的」を意味するのではない。ミースの全作品に対して使うなら、このギリシア語に「目標」とか「狙い」といった意味を当てないことが特に重要である。アレテーとはショーペンハウアー的感覚でさえも尽力《オペラーリ》[訳注2]の本質なのだ。すなわち、意志を特定の時代に結び付けることから発する経験形態であり、例えば近代であればニーチェが『善悪の彼岸』で主張しているように「虚無のために神に犠牲をささげる」ことが必要となるのだ。ニーチェの結論はこうだ。「この究極の残忍の逆説的な密儀こそは、いままさに現れようとしている世代のために取っておかれたものなのだ。われわれはみなそれについて、すでに何ほどか知っている。[*1]」

ミースはこの世代を代弁する先陣の一人である。間違いなく、彼はこのニーチェの著作を読んでいたし、その貪るような読み方は、はたしてこのニーチェの文そのものが、ミース独特の平穏な作品アプローチという伝説を解きほぐす前提にならないものだろうかという推測をさせるほどである。

この小論はミース・ファン・デル・ローエの文化的背景の一面を分析したものであり、いくつかの資料室にある彼の手稿や書跡、および彼の蔵書や読破した本を吟味することで出会えたものである。

ここでの引用はすべてミースの蔵書ないし彼のノートに引かれていたものから採った。本研究は、さらなる解釈論議のための基礎と仮説を材料として供することを目的とするだけであるため、本論自体の参照注釈は載せていない。というのも、それらは本研究の背後たる調査に特別な性格を付与し、その内容に重みを添える長さとならざるをえないからである。さらに、この課題を徹底して系統的に扱おうとすると、はるかに多くの紙数が必要になるであろう。こうした理由から、文章をできるだけ凝縮し、厳密に試論的アプローチに頼り、ここに供した素材の内容を読者が理解してくれることに頼っている。

もう一つ言及すべきは、本論のために行った調査の多くは、一九八〇年にアメリカで着手した。ここで、ヴェネチア建築大学建築学部と、シカゴのグラハム芸術研究基金との広範にわたる支援を感謝する。また、ワシントンDCの国立美術館研究センターにも、謝意を表したい。

もし『善悪の彼岸』に描き出されている展望に沿ってミースの作品の内容について考えるなら、尽力《オペラーリ》のアレテーとその歴史的定義との間から生じる衝突を把握することになるだろう。これは、ミースが自分の作品に関する以外にも幾度となく口にした、建築《アーキテクチュア》と建設芸術《バウクンスト》の区別を吟味することから産み出される。このドイツ語の、驚くほど簡潔でしかも意味が凝縮された表現に相当する言葉は、英語にはない。建設芸術《バウクンスト》を精神的表現とすることで、ミースはアレテーが具現する、用途から解き放たれ必要性の奴隷から解放された実践の違いを厳密に言葉にしようとしていたと思われる。

一方の「建築《アーキテクチュア》」が演出しているのは、機能の普及、作品を通じた形態と用途を経た機械的な一致、必要性に強いられた枠の内に経験を限ることである。「建築《アーキテクチュア》」とは単なる「自然主義」、ニーチェ的な自由放任主義の明言である。対して建設芸術《バウクンスト》は精神的芸術であって、堅固な法則と慣習の順守を通した発明という徳行的な訓練であり、同時に知的な挑発、危険な犯罪なのだ。建設芸術《バウクンスト》は新しさを避け、良さが香る。言葉で表すならば、ミースも引用したであろう、ニーチェがつらつら熟考したかなり長く込み入った美しい一文をここにそのまま紹介するのが良いだろう。というのもここに含まれる大きな示唆はこのドイツの建築家をどのように解釈するにしても、その考慮に入れざるをえないからである。

> 自分の「もっとも自然な」状態、つまり「霊感《インスピレーション》」の瞬間における自由な整序、按配、処理、形成が、気随気侭の感情とはいかに縁遠いものであるかを、すべての芸術家が知っている。また彼は、そのときにこそ、自分がいかに厳正かつ入念に、幾千もの法則にしたがうものであるかを知っている。これらの法則は、ほかならぬその峻厳さと明確さのゆえに、概念による一切の法式化をあざ笑うものだ……もう一度いうが、「天においても地に

訳注1 Aretē. 通常、日本では「徳」と訳される。本来、「優秀さ」を意味した。

訳注2 operari.

＊1 Friedrich Nietzsche, 信太正三訳『善悪の彼岸』、ニーチェ全集第一〇巻、理想社、一九六七年、p. 92.

おいても」本質的なことは、思うに、長期にわたって一つの方向に導かれるということである。[*2]

ミースにとってこの文章から考えさせられることは何だったのかを推測するのも興味深いであろうが、どんなものであれ重要であったことははっきりしている。ここでニーチェは、芸術作品の起源としてのインスピレーションの自由という、いわば「ロマンチックな」考えを覆している。むしろインスピレーションは、表意と作品との遭遇という事象ほどには、意味の生成にさほど緊張を与えない。こうした感覚から、インスピレーションは、人間の生産能力を充足するものではないし、知性の「自然主義の牢獄」でもなく、逆に決定的な出会いのために意志が行う勤勉な予習という、確定的行為なのである。この否定から離陸し、おそらく大丈夫だろうが、ミースによる区別を敷衍してみよう。すなわち、建築《アーキテクチュア》がある計画の自然主義的次元の表現であるなら、建設芸術《バウクンスト》の方は精神の不屈さの、法則の内側で鍛錬された自由の宣言であるのだ。この自由は意志とはなんら関係ない。そこに含まれるのは、明確で十分目的のある選択や規範の墨守、不屈さである。ミースの計画案の過激な反自然主義、彼自身の言語学的構成を主張し続けた固執ぶりを考慮すると、革新の豊かさと共に彼の手法の遅さこそが、実践の非常に多くの側面に現れ出てくる。しかもこの実践には、前述したニーチェの引用に示される素晴らしいジンテーゼとの接点が多くあるのだ。さらに、このアーヘン出身の巨匠に捧げられた近年の様々な情報満載の研究にも、こうしたつながりを確かめてくれるものを欠かさない。

しかし、ここで紹介したばかりの課題がすでに論じ尽くされたとか、この小論に枠を架すものだ、などと主張することはまず不可能である。ミースが一貫して建設芸術《バウクンスト》と建築が違うと強調したことは、彼の作品が向かう傾向にあった哲学的価値論と構成の巧みさとの両方を解釈す

*2 同右、p. 145.

る、さらに有用な手段を与えてくれるのだ。しかしこの方向に進むためには、調査に役立つ、ミースという研究対象の無視できない次元に注意を向ける必要がある。ヴォルフ・テゲトホッフやフランツ・シュルツが、ミースの生涯の膨大なエピソードを微に入り細に入り順を追って指し示しているように、ミースの尽力《オペラーリ》は待つという次元に支配されており、あたかも、和音の一部を次の和音に持ち越して一次的な不協和音を生じさせる技法に支配された楽譜のようである。[*3] ニーチェに似ずもがな、ミースも「すなわち、思想というものは、[それ]が欲するときにやって来るもので、[われ]が欲するときに来るのではない」[*4]、と信じていた。このような事象、インスピレーションが自己主張するのを待つことが自由の要求へとつながり、その要求がこのドイツ人建築家の実存的選択を導いている。しかも、こうした選択はそれ自体が、一種の「無為」に陥りやすい性質に左右されるのだ。もちろんここでは厳密にニーチェ的感覚でのことである。やはりこの傾向につながるもう一つの選択が、多くの研究者が指摘しているように、この建築家の人生を特徴づけている。孤独の選択である。ニーチェの訓告と和合して考え過ごしたと思われる孤独である。「こころよい孤独を、自由な気ままな軽やかな孤独を、とにもかくにもなお自己を愛護してゆく権利をも諸氏に与えるその孤独を、選ばれるがよい![*5]」

孤独と待ち。ミースに見て取れるこの相補う二つの面をカバーすることで人格と心理を考慮することを良しとするのは後ろ向きであろう。孤独と休止とは、「インスピレーション」という概念に帰する意味を広げ確実にする実存的状況の特質なのである。インスピレーションは心の中の作品と一致する選択の結実ではなく、計画する知性による完璧な自然さの十分な達成を表すのでもない。むしろ、知られざる、予期できない遭遇の発生である。矛盾したことだが、インスピレーションそのものの中にインスピレーションが出現する瞬間なのだ。コンラート・フィードラーやアロイス・リール[訳注3]を少なからず読んでいたミースは、作品の起源は作品自体の

*3 Wolf Tegethoff, *Die villen und Landhausprojekte von Mies van der Rohe* (Essen, 1981), および Franz Schulze, *Mies van der Rohe: A Critical Biography* (Chicago, 1985), 澤村明訳『評伝ミース・ファン・デル・ローエ』鹿島出版会、一九八七年。

*4 ニーチェ書(注1) p. 37.

*5 同右、p. 53.

訳注3 Konrad Fiedler (1841-95) はドイツの芸術哲学者。Alis Riegl (1844-1924) は新カント主義哲学者で、ミースにとって最初のパトロンであった。

「こころ」への自己啓示のうちにある、と気づいていた。したがってその起源とは、その思考の存在への浮上であり、常に明示されているのである。忍耐強く待つということの必要性を認識し受容することは、この明示のために避けられない状況であり、また同時に「無為」であって、「もの」がそれ自身の姿をさらそうと決める瞬間の「思考」を受け入れる素地を心の中に作り出す美徳なのである。しかし、この因果関係に引き込まれる決定は価値基準に従うよう指図されている。実際、待つという決定は、それ自体が表に現れ、待ち自体を満たすときを待つということによる解決と同じく本質的なのである。

過去の因果にしばられない発明の自由という、近代の祝福への参加からは隔たって、ミースはだらだら過ごし耳を傾けることを好んだ。どっちつかずな状態が彼のデザインに目立つ特徴であり、彼のコラージュには偶然や不意さが圧倒的であるのも（図4・1）、偶然ではない。

孤独は休止を引き延ばした上に育つ。近代の経験を駆り立てる目新しさを常に求める、最高速《プレティッシモ》のリズムを潔しとしないのである。それゆえ、完璧に理解できようが、ミースは『善悪の彼岸』からのもう一つの金言にとりわけ心を打たれていた。「ドイツ人には、その言語において急速調《プレスト》をあやつることはまずできないところである。*6」遅さこそ、休憩が長引く原因であり、またミースによれば、ある時代の本質的イメージの特権的なきらめきを認められる事象や建築に求められるテンポの「形態」であるのだ。自分自身の建築を実現していく上で、このアーヘン出身の名匠は実際のところ「本物のドイツ」的に働いていた。フランツ・シュルツが評伝で繰り返し描き出しているように、急ぐことなく、自分に対して長い時間をかけることを許していたのだ。

こうした「待ち」が傾聴という集中した緊張へとつながる。ミースが好んで読んでいたマックス・シェーラー訳注4によればそれは、「事実の中の真実」という現象に満たされる定めであるの

*6　同右、p. 57.

訳注4　Max Scheler (1874-1928) はドイツの哲学者。カントの形式主義的倫理学に対し、実質的価値に基づく倫理学を建設しようとした。哲学だけでなく、文化人間学、社会学等にも広く影響を与えている。

だ。しかしながら真実とは、その「真実」をその時代から覆い隠しているそれらの現象から十分離れることによってようやく、観察するなり耳を傾けるなりできるのである。このように距離をとることによる「傾聴する創造者」が生き方を学ぶべき孤独の必要性が強められる。ミースの孤立は、彼の用いた建築言語の簡潔さの中に完全な表現を見いだしているのである（図4・2）。

もちろん、このドイツの建築家によって用いられたコミュニケーション体系をすべて同レベルに扱うのは無意味である。「自分と同じ世代」の「用心深い精神」に直面する急進的な選択の解釈者として、彼は自身を完璧に単一言語で表現している。この小論からは影が漏れ伝わるだけだが、それらは、ミースの素晴らしい建築の、彼の「第二言語」とでも呼びうるものの性質に関する数々の仮説を吟味するために捧げられているのだ。そしてミースの建築「楽譜」の力強さと几帳面さ、創作の才ある輝かしさはまた、彼のまれに見る思想的発言の格言風の語気にも反映している。こうした例でも同様であるというのも、シェーラーと同じく、事物が瞬間であることのみが「事実の中の真実」に出会える機会を作ってくれるという考えに従って、言語はかたちになるからである。

傾聴と待ちとはこのように、ミースの語る「ゆっくりしたドイツ語」とともにあった。しかし傾聴には静寂が必要であり、聞こうという気持が大きいほど、より静かでなければならない。実際ミースの作品は静かな空間とヴォリュームを創り出しており、そのシェルターとしての用途は、トゥーゲントハット夫人も認めているとおり、住む者の自然な性向を満たすことを目的としておらず、逆に思考のための可能性と精神とに供することを目的としている。ミースの建築作品について、それが最高に構築的完成の形態をとっているとしても、思想的観察の極度の簡明さを表現しているとしても、静寂の希求こそその糸口である。そして禁欲的な空間の

分節に従事していようと、空間を格言に組み上げていようと、そこに行き渡っているのは、その道筋であり、姿勢であり、そして否定の方向を目指す思想であって、それはミース自身もフランク・ロイド・ライトに二人の間の意志疎通が不能であると説明しながら認めていたのである。*7

ミースは可能なかぎりいつでも、付け加えるよりも減じがちであったという事実から、この傾向は確かめることができる。建築と言語に類似性があるとする、有名なミースの所説を思い起こすのも有用であろう。建築家とは構築言語を洗練するものであると考えることができるし、その言語の一貫性によって、散文のもっとも純粋な形態に達しうるし、而して同様に詩の高みにまで達しうるのである。*8 しかしミースの語った類推は、疑いなく、消極性と本質的な「反自然主義的」実践とによって決定されている。これは詩への言及によって証明される。実際、ミースにとって詩とは、生産活動の頂点でも、意味の中で多くの音が調和的につながることを意味するのでもない。意味と、さらなる瞑想の後の象徴とは「生産可能」ではない。それらが生じるのは言葉の中に充実できてからであり、その充実は本質によって表される。純粋に本質的な言葉だけが詩人の言語に適している。「事物の真実」が「事実」によって表されるように、どの表現の意味もその極限の簡素化の内に横たわっている。この理由から、構築の完成と詩とは本質的価値を共有している。言語は、その明示するところすべてにおいて、完璧な実在性を目指す連続的で尽きることのない傾向であり、あるいは言い換えれば、「瞬間」によって表現される静寂状態を目指すのであり、その瞬間にはどの構成においても何も付け加えることも減じることもできないのである（図4・3）。

この状況へと向かって、作品とは、起こりうる出来事を待って注意深く耳を澄ますという生産の実体化であり、そのことが「無為」を正当化する。緊張は、その仕事が一旦停止しながら

図4・1 小都市の美術館案、一九四二年、コラージュ

図4・2 ビスマルク・モニュメント案、ビンゲアブリュック＝ビンゲン、一九一〇年

*7 『評伝ミース・ファン・デル・ローエ』（注3）pp. 237-8. 参照

*8 第2章 注8 参照

図4・3 バルセロナ・パビリオン、一九二九年

も決定するのではなく、それゆえミースの選択を、美しいものを良いものとしてのみ受け入れるよう動機づけている。これが、ミースがヴァルター・リーツラーに宛てた有名な手紙の一文の、究極の意味となるのだ。「すべての『何故』は一つの『何』に支えられている。」

この「受け入れ」はミースにとって企画することと同義であるが、ただしこれから見ていくように、受け入れること・聞くことの中でその企画が純粋に着手されるのではない。しかしながら、近代の建築文化や芸術実践にとっては、その企画とは、新しい中に実現され、未来を統べるという計画、また時代に重なった形態の計画として造られるのに対し、ミースにとっては、形態の探究が精神的鍛練の内で創られる極度の緊張であり、その主たる仕事はそれ自体を考えることである。この鍛練は美の発生につながると思われるのだが、もっともミースは、「良さ」への近さと違いとを強調する聖トマス・アクィナス[訳注5]言うところの「美」を理解していた。この概念はまた、明らかにミースにとって興味深い作品を残したジャーク・マリタン[訳注6]の影響を示していると考えられる。特に、このドイツ建築家も一九四〇年代中頃に英訳本で読んだ、『芸術とスコラ哲学』は、芸術作品における、表現としての美という概念と、プロポーションとオーダーという規律に一致した全体性と明解さの融合という概念との確立を表している。

オーダーという概念はミースの作品と思想を理解するうえで基本的なものである。彼の価値論に顕著な意義があるとすれば、それはこの概念の中に表現されている。いまや問題も明白になったから、かなり厳格な関係がオーダーと静寂との間に打ち立てられ、このつながりがミースの人生における実践と理論の結び付きを決定していることを、以下論じていきたい。これに関し、ミースの心中には、彼の遺したノートや記録にもっとも良く引用されているうちの一人、ロマノ・グァルディーニ[訳注7]の思想に近しい関係が見られる。芸術作品のありかたとか、近代

訳注5　Thomas Aquinas (1225-74) は中世哲学の巨人であり、ミースは深く傾倒していた。

訳注6　Jacques Maritain (1882-1973) フランスのカトリック思想家。『芸術とスコラ哲学』は一九二〇年刊。

訳注7　Romano Guardini (1885-1968) はイタリア生まれでドイツで長じた、カトリック神学者、宗教哲学者、評論家。

世代の特色といった重要な問題に関するミースの意見の底流をなす理解は、グァルディーニの見解との合致が著しい。グァルディーニと同じくミースも、工業的社会的に進化した近代世代はオーダーを心底から求めることになる、と信じていた。この要求は世界の脈動を左右しているメカニズムから噴き出してくる。グァルディーニの用語によれば「第二世界」であり、規格化という過程と技術（テクニカ）とに支配されているのだ。この主役二人に共通した理解によれば、この要求を満たしうるのはただ有機的編成によるのみである。

ミースはこの確信の上に構えて動こうとしなかった一方で、同時に、そうしたメカニズムの生産的現象としてのテクニック（テクニカ）に、グァルディーニの言葉によって容易に説明しうる意義を転嫁していた。さて、有機的編成を通じてオーダー付けしようと、テクニックを通して形作ろうと熱望するこの「第二世界」の特徴とは何だろうか。満足できるような答えをたとえ部分的にでも見つけるためには、ミースとグァルディーニが同じ前提から始めながらも、違った道程を通ったことを理解しておく必要がある。この前提についての良い感触を、ハンス・ウルス・フォン・バルタザル[訳注8]による見事な観察から得ることができる。彼からはグァルディーニの思想についての鋭い解釈を数々負っている。ニーチェによって告知された世代、ミースとグァルディーニもその一部である世代が生きて行かなければならない世界は、「人工的な世界であって、その調整機能を失い、ばらばらに砕け散り、それらは相互関係がないがために人間を傷つけ極度の無秩序を作りだす」。[*9]

ミースのノートの中には、「混沌《カオス》」という言葉にアンダーラインが引かれていたり書き込みがされていたりするのも珍しくないのだが、それはむしろ、常に「調和《コスモス》」という考えに対する過激な反対を意図するものとしてであり、それどころか、調和とはオーダーの表現であり、そしてより重要なことに、全体と部分との間の有機的な和合の表現であるのだ。この表現を使う

訳注8　Hans Urs von Balthasar (1905-)スイスのカトリック神学者。

*9　Hans Urs von Balthasar, *Romano Guardini. Reform aus dem Ursprung* (Munich, 1970), 伊訳, *Romano Guardini. Riforma dalle origini* (Milan, 1970), 特に第1章。

とき、ミースはグァルディーニの分析を、可能なかぎり最も簡潔な用法で要約している。グァルディーニの言う、秩序の厳格な要求に満ちた「中心を喪失した世界」にミースは出会い、グァルディーニの思想を通訳するかのように、自分自身の厳しいシンケル風のヴァリューム配置を、禁欲的に型取った空間をその内に含むようデザインしていく。

しかしながら秩序に対するミースの希求の形態面での特徴を解読するのは難しく、それゆえ誤った解釈へとつながりがちである。グァルディーニの一九二六年の『コモ湖からの書簡』をこの建築家が読んでいたということ（そしてそこからいくつか引用しているということ）をごく慎重に考慮すれば、この問題の鍵となる端緒を見つけだせると思われる。ミースのアプローチを記述するのに、「手堅い」という形容詞を、形態的なレベルだけでなく、ミースに属すると認められる厳格な強制を強める特性としても使えるものと筆者は考える。そして言い足さなければならないのは、このような希求は、厳密に建築的なレベルにおいて、通常信じられているのとは反対に、抽象的な表現言語を通じて表されることはないということである。ミースのごく簡潔な、澄明な、染み透るような表現でさえ、抽象を避けている。そして、厳密に形態的レベルの分析において、「抽象」と「精神性」という概念の間の混乱は認められないのだ。ミースの作品に具現されている秩序の希求は、彼の詩情あふれる構成のもっとも奥深いところから規準的な実験というもっとも急進的なところまで、すなわちバルセロナ・パビリオンからベルリンのアフリカ通りの四角い住戸ブロック（図4・4）まで、常に抽象化を計画的に排除していることを表現している。この抽象排除は実際、ミースが秩序を典型的な近代価値として熱望した理由と完璧に一致する。一方、抽象は、「第二世界」に深く根差すはっきりした特質なのだ。それは「混沌」の源に横たわっており、混沌こそ、ミースがグァルディーニのように有機的編成を信じて立ち向かうべき相手なのである。

図4・4　アフリカ通り公営アパート、ベルリン、一九二六〜二七年

こうしたすべてをより良く説明してくれると思われるのは、グァルディーニの『コモ湖からの書簡』の「第三の手紙」の最後の言葉であり、この言明にミースは全くはっきり同意していたはずである。

> すべての文明はその原初からこうした抽象的な資質を所有していた。しかしひとたび近代思考が、概念的で数学的な思考が、広まりだせば、そしてひとたび近代技術が製造業の一部となれば、この抽象的な資質は決定的に他を圧倒してしまう。決定的な方法で、われわれの宇宙への関係、われわれの進路を決め、それ故われわれの実存をも決めるのである。*10

ミースの言葉やノートからは、これまで少なからず比較されてきたオスヴァルト・シュペングラー[訳注9]の考えよりも、この近代世界観に彼が近かったことが判る。しかしミースの読書や情報源は、何か正統な基準に沿ってたどることはできないし、時には混ざり合いと思いもよらない重なりとの結果のように思われることもある。これこそ、シュペングラーの『西洋の没落』の影響が（ただし、ミュンヘンで一九二九年に出版された『プロイセン主義と社会主義』がミースの蔵書にあることを忘れてはならない）、近代世界を形作る抽象から必然的に生じた事実としての、文明と文化との分裂に訴えかける、一貫したミースの論議の中に見いだすことができる理由である。しかしこの典型的なシュペングラー流テーマはグァルディーニも同じくしており、後者もこの件に関して思考し分析する立場であって、両者は相いれないものではなく、ただ、エルンスト・トレルチとゲオルグ・ジンメル[訳注10]という、どちらの作品もミースのよく知る二人による違った観点からであった。

『大都市と精神生活』の著者と『西洋の没落』から、正統ではないもののごくまれなもので

*10　Romano Guardini, *Briefe vom Comer See* (Mainz : M. Grunewald Verlag, n.d.).

訳注9　Oswald Spengler (1880–1936) ドイツの哲学者。主著『西洋の没落』で、世界の諸文明はすべて誕生、発達、熟成、没落という段階的進展をする、とした上で、西洋文明はすでに没落に入った、と説いた。

訳注10　Ernst Troeltsch (1865–1923) はドイツのプロテスタント神学者。Georg Simmmel (1858–1918) はドイツの哲学者、社会学者で、生の哲学に立つ独自な思想家。美学等にも活躍した。

はないのも確かな統合を通したグァルディーニ式「第二世界」の付随現象としての大都市という考えをミースは導き出していた。この大都市では、ミースの読んでいたもう一人の著作者、ヴェルナー・ゾンバルト[訳注11]の重要な用語である、進化的「抽象化・精神化《フェアガイスティグング》」が、物事を抽象的物神へと変容させながら、生活様式の全般的な根絶という過程を作り出している。ミースの誠実な友人、ルートヴィッヒ・ヒルベルザイマーが研究描写したような大都市《グロースシュタット》において人間が、ゾンバルトの主張するように「個人的協力なしに形成される精神的大伽藍体系」[*11]の単なる奴隷になり下がるとすれば、都市環境を作り上げる事物や関係、形態を巻き込んだ、類似した過程が起こることになるのだ。

疎外化という近代的過程の性質に関するグァルディーニの分析には、ここで引き合いに出されるべき哲学伝統との接点が無数にある。それらはこの込み入った問題の諸前提を分かち合っていることから、ミースの、「美しさ」と「良さ」との関係や、形態と機能との関係、抽象と本質との関係、調査分野における計画と有用性との関係についての立脚点を吟味するのに、ベルリンの哲学者ゲオルク・ジンメルの『貨幣の哲学』からの意義ある一文という光の下にさらしてみよう。このような、さまざまな事象への関連性によって、さらなる議論が明確になるのである。

> ところで事物の、その有用価値から美的価値へのこのような発展全体が、ひとつの客観化過程なのである。私が物を美しいと呼ぶとき、この物の性質と意味はそれは単に有用であるときとはまったくちがった仕方で主体の気分や欲望には無関係である。事物が単に有用であるかぎり、それは代替可能である、言いかえれば、同一の効果を持った他のすべてのものが、すべてのものの代理をすることができる。[*12]

訳注11　Werner Sombert (1863-1941) ドイツの哲学者。

＊11　Werner Sombart, *Deutscher Sozialismus* (Berlin, 1934), chap. 2, sec. 2.

＊12　Georg Simmel, *Philosophie des Geldes* (Leipzig, 1900). 元浜・居安・向井共訳『ジンメル著作集2』白水社、一九八一年、p. 49.
ここでジンメルの言うのは、美しいものというのは個人を超えて、全体にとって有用であることが明らかであるため、そういった判断の世代間の一種の遺伝によって、個人としてその美しいものに具体的な意欲や関心がなくても、あるいは美的判断が個人の有用や快適と正反対になっても、美しいものから快感をえられるようになる。このような、現実的快感から美的感情への遺伝的メタモルフォーゼを客観化過程としている（＝訳注）。

新しさという仮面からミースがはぎ取った「事実」とは、この客観化過程の産物である。そしてこのプロセスの中で、彼は秩序を創り出そうと目指す。

「『人類が進化を遂げた』世界では……力、世界を支配する人間の道具が、人間の支配力を打ち負かし、奴隷に貶める。かつての個人が、ただの物事と化す。[*13]」これは、フォン・バルタザルによるグァルディーニ論である。一般的な抽象化・精神化《フェアガイスティグング》の過程は止ることも逆戻りすることもない。何物であれ、「枠にはめられ」うる、すなわち「編成」されうるのである。グァルディーニとジンメルによって説明される性質を持つ「事物」の住む世界の中、ミースの建築は秩序づけの意志というドライな言葉を語り、何も約束せず、「人生」は孤独の中にのみ隠れ家を見いだしうるとはっきり気づいていた（図4・5、6）。もちろん、グァルディーニの主張するように、「人間は今や抽象の中に暮らしている。そしてもちろん抽象は、概念的なものは、『精神』ではない！　精神が人生である[*14]」。この世界を秩序づけ、編成し、見せるという職務によってミースは、自分自身の実務において、何も抽象へと譲らないような、極端な具象性を選ばざるをえなくなる。

またミースにとって、文明における文化創始者の価値も客観化を進めるものであった。このように、ミースは自分の「ドイツ語読書」というフィルターを通して選定された二分論を吸収し、そしてそれが常に、彼との対談者の興味をそそることになる。この疎外化から派生する含蓄はこれもグァルディーニの言葉に集約されうる。「私にとっては、まるであらゆるもののごった煮を作り出す怪物的な機械のような歯車の中に、われわれの遺産は終止してしまったかのようだ。われわれは貧しくなりつつある。全く貧しく。[*15]」

この声明は驚くものではないが、かなり重要である。ミースの詩情は、その本質において、

*13　Von Balthasar（注9）chap. 1.

*14　Guardini（注10）third letter.

*15　Von Balthasar（注9）chap. 1.

図4・5　IITキャンパスの航空写真、北向き、一九八六年

グァルディーニに似た結論に達していた。近代抽象化・精神化《フェアガイスティグング》の建築形態を定義することは、人生が次第に窮乏していくことや、精神の急速な腐敗、有用性に圧倒された物事という愚の骨頂を見せつけることを意味している。形態付与とは、取り返しようのない貧困の中に全く取り残されてしまう経験といった、混沌とした崩壊状態に対する秩序付与にほかならない。しかしながら、「混沌」に直面し、ミースは一歩置いたオブザーバーたる役目を受け入れなかった。日没の影が、もはや「西洋」だけでなく全世界を覆い始めたと記されるとき、遠くの難破を手をこまねいて傍観することを潔しとしなかったのである。むしろ、物事から、またそれ故「新しさ」から距離を置くのは、「真実」と「事実の本質」とを焦点に据えるような目線を採れる正確な距離を決めようとする意識的な選択であった。グァルディーニに似て、ミースの思考は、懐旧的なものではなくはっきり迷いのないものであった。「全く正統でないあらゆるものは、それ自体においてもわれわれの魂の中でも、失敗するであろう。これが、どうなるかである。おそらく、われわれはまさしくより真なる本質以外の何物でもないところまで来ているのだ。[*16]」しかしグァルディーニにはこの終焉を取り巻く疑いの影があるのに対して、ミースはそうでもない。というのも彼の建築が、「神などもはやありえず、最良の技術が『混乱した神霊性』を産み出す『第二世界[*17]』のために、この本質を公開していたからである。

　ミースはその書き遺した中に、新しいものへの嫌悪感を明らかに内包しているものの、古いものへのノスタルジアは見せていない。ただし、伝統的な建設芸術《バウクンスト》という魅力への思いが表されている。この嫌悪は、建築にとって、合理に対する超合理に、また可視に対する不可視に同意することが必要であるという考えの、独自な手法によって分節されている。こうした主張の中に気づくのは、ジンメルの言葉で系統づけられているような生活の客観化という近代メカニズムを分析する論理的分節だけではない。ミースが同世代のアヴァンギャルド運動との間に保

*16　同右。

*17　同右。

図4・6 IITクラウン・ホール、シカゴ、一九五〇～五六年

持していたごく特別な関係の響きをも聞きとることができる。このことに深入りする必要はないが、例えば、一九二〇年代初頭に始まったテオ・ファン・ドゥースブルフとミースとの長い交流が、上記の主張から想起されないだろうか。一方で、ミースの立場をピート・モンドリアンの瞑想と体験とに照らして吟味しようとしたなら、ここでの関心の的から遠く離れていってしまうだろう。ここで強調すべきことは、『G』誌に協力していた一九二〇年代という時期におけるこの建築家の経験の反映は別にして、ミースの、ごく最小限に慎重に「新しいもの」に対処する必要があるという主張の中に、近代性が包み込む中に、過去を見てとれ、近代文明の決定要素についての概念を長い時間をかけて黙想した結果を見てとれる、ということである。このように、まるで対照的なようだが、文化がシェーラー的意味での「真理へ向かう傾向」と同義であるように、また「超合理」と「不可視」という世界へ向かう精神の開放として現れれば現れるほど、この建築家が文化に帰した意味は明らかになっていく。

こうした考察からもう一つ理解できるのは、なぜミースが自分の仕事を「建築」の分野ではなく「言語としての建築」の分野にあると精力的に主張したかである。実際、文化が言葉、すなわちその真の意義へと立ち返る意志と同一視されるとき、近代構成の実践では余韻のないところまで還元されるのだが、真実の探究は第一に言語によるのである。物事の意味を決めようとして、ミースはその脂の乗り切った時期に、技術から「神聖さ」とか「混乱」を取り除くために技術を利用する詩的表現を組み立てていた。その結果の形態上の明解さは、しばしば驚くべきもので、その過激さの故に、反復という問題に直面したときにも、疑われずにすんだのである。この点でもミースの仕事は、この時代の「客観化」という特殊な側面に縛りつけられた近代建築の文体論と一線を画している。このドイツの巨匠の作品の構成的「楽譜」の細部に言及しても、近代アヴァンギャルドの最もよく知られた芸術表現によって意図される感覚での「再生産性」について語ることはできない。ミースは反復を再生産性の対抗手段にしていた。反復とは選択である――過激で、孤独な決定である。再生産性は「自然主義メカニズム」の表現である。必須状態の仮定である。有用性の流行に動機づけられている。すなわち、一語で言えば「建築」である。一方、反復は、再生産性が誤魔化している惨めさの解消である。ミース末期の作品に凄まじいほど見られる反復的な面には、最適な手段、洗練されたテクニックが求められている（図4・7）。ミースにとって、伝統との絆が引き裂かれたときに革新はなされえないということが明らかであっても、そこにノスタルジアの余地はない。

この点で無視しえないのが、ミースが享受していた伝統との関係である。一方で、この問題は少なからぬ誤解の種となってきた。概してこれは、カール・フリードリヒ・シンケルやブルーノ・パウル、ペーター・ベーレンス、H・P・ベルラーへといった近代建築の重要な人物の実験とミースの調査の展開とのつながりという光の下で、伝統についてや、伝統とミースの作品との関係についてといった問題を考える一般的な傾向によるものであった。一般的な感覚で有益に見えても、ミースの作品に一種の進化の系図をたどろうとする試みは、歴史的調査としてはほとんど用をなさない。もちろん、このようなアプローチを採ると、構成上の実践や姿勢の再生的持続を、伝統と同一視するという考えを固めてしまうという危険を犯すことになるのだ。このような陳腐化を避けるためには、分析上の前提をひっくり返し、ミースと伝統との関係について、これまで彼の思考について親しんできたものを否定する言葉で考えると有効である。この建築家がシンケルの作品に示した尊敬は、この仮説を固めてくれる。

シンケルはその世紀の巨人であった。アルトゥール・ファン・デン・ブルックがページを割いて記しているように、シンケルは、彼の時代、彼の国、彼の都市、そして「彼の」王子に様式を与えるという「英雄的行為」を行った建築家である。ノイエ・ヴァッヒェはプロイセン主義の象徴であり、最後の試練に大勝利を遂げて出現した国家の精神を祝っているのである。シンケルによって巧みに構成された大きなマッスの力強さと簡素さの内に、テクトンの精神が堂々と復権している。テクトンとは、文字通り「王子の宮殿の建設者」であることはカール・ベッティヒャーが『古代ギリシアの構造学』で説明しているとおりであり、ミースもこの貴重な本を持っていた。おそらくベーレンスの事務所で知って手に入れたのだろう。シンケルはメーラーの言うように、ギリーの作品を完成させ、「古典的プロシア様式」に点睛を刻み込んだのである。

ミースにとって言葉とは、根拠を持ち、厳格で理解しやすい明確な言語のものであった。グアルディーニによって描かれる「第二世界」の最後の真の住人としての言葉である。ジンメルが分析し『G』誌の仲間がフィルムに翻訳した神経質な生活《ナーヴァスレーベン》にさらされて、この世界は、近代抽象化・精神化《フェアガイスティグング》とシュペングラー流「没落」とを動くことなく傍観している。ミースの内に表現となるのはこの世界の様式ではない。アドルフ・ロースも知っていたように、この世界はすでに己が様式を持っており、それを認めるために建築家の黙考など呼びはしない。ミースはこの様式という自然に、すべてを含む客観化という形態に、裸で横たわり、その本質を把握し表現しているのである。

シンケルは世界の運命を型取るべく用意し国家の運命を祝ったのに対し、ミースは解剖学者の精密さで、世界がどうなるかを分析している。彼が気づいていたように、その根無し草の、並外れた力を持つ世界はもはや「王子」に治められることはなく、慈悲深い「神」に導かれることもないのだ。

近代という不穏な騒々しい空虚の中、建築家の責任はその現象にかかわらず全く大きくなっていく。かくして計画しようとする者は、ミースの言うように「致命的な過ち」にかかわりあうという危険を引き受けねばならなくなる。それゆえミースは、『G』誌で提起したのと同じ問題に立ち向かうよう、常に立場を戻し、その度に建てる《バウエン》という重要な言葉の意味を再考し、それを彼は、ヴァルター・リーツラーへの有名な手紙やIITでの一九三八年のスピーチで再論したのだ。このように、「無形態」と「過形態」との中間物、「存在しないもの」と「純粋な現象」との中間物を探すという問題を見据えることでミースが見せたのは、本質的形態という真実への熱意が、ある様式の結果たりえず、その代わり、伝統といった感覚に基づき、それゆえ反復という堅実な解決に基づくということである。しかしこの場合、「伝統」には「過程」という概念と共通するものは何もない。伝統は生成ではなく、有機的変容でもない。すなわち、伝統とは、シンケルの作品のように、移ろうことも変わることもなく、不安になるほど力強く現在を照らす。伝統とは過去の友好的な面ではなく、遠くに立っているけれど困惑するような近さであるのだ。

ミースには、シンケルの様式に清算しなければならないような借りはなかった。しかし彼にはシンケルと共有する確信があった。それは、伝統とは現在であると同時に遠くもあり、解くことのできない憧れの源であるということだ。それゆえ伝統は、文化の戻しようのない分断でもあり、グァルディーニもはっきり気づいていたように、それにもかかわらず、文明のねじれによって呈される奇観に顔を出すのである。

そして矛盾としての伝統、しかしこの矛盾が、無と過度の中間物を探すようミースの手を導いたのである。進むべき道は探さねばならない。ここでもミースの簡潔な示唆を守ると、「古代と中世の哲学」に彼は己が思想の形成を頼り、そこから彼の建築の秘訣と彼の装飾の知恵とが流れ出たのである。

しかしながらミースにとっての装飾とは、近代建築の表面にしつこく生き残っている「皮相な」ものとは全く異なっている。装飾の本来の意義は伝統的な中世の概念にあり、非難を負うべきは「飾り」ではなく過飾すなわち装飾過剰であるのだ。この意味で、もし彼の作品に判断を下そうとするなら、注意を向けるべきは装飾の存在ではなくその過飾になる可能性である、ということが明らかである。ミースが働いていたのは、装飾から過飾を分け隔てる境界線上であり、用途の流行から形態を保全する線上であった。この選択にはテクニックと素材との特権的関係を含んでおり、ミースの言葉による「事実」そのものが裸で横たわっていた。

「用途」と「機能」の普及によって起こされる客観化に対して、この堅実な解決の中でこのドイツの建築家が掲げた抵抗、すなわちエルンスト・ブロッフの独特な表現を使えば「洗濯可能」という物理的特性へ向かうすべての物事の進化的適合に対する抵抗の中に、もう一つ聞こえてくるのが、ミースが非常に好んで引用した、「古き中世の哲学者」のこだまである。マイスター・エックハルト[訳注12]の教え、『神の御前にて正当なる永遠の生はそれすなわち罪なり』からの言葉が心に染み入る。「汝の作品はすべて死んでいる、何らかの動機が汝に行動を強いるまでは。そして神が汝に無から行動することを強いたとしても、そうした作品は真にすべて死んでいる。汝の作品を生かすかわりに、神は汝を内から動かし、汝の魂の深みから動かさねばならない。そこにそれらは生きているはずである。これが、汝の生があるところであり、そこにのみ汝は生きるのである。[*18]」

中世スコラ哲学は装飾の必要性に疑問を挟みはしないのだが、それが適当であるかどうかを

訳注12 Meister Johannes Eckhart (1260-1327) はドイツのドミニコ会に属した、キリスト教神秘主義者。ルターや、ドイツの哲学に深い影響を与えた。

＊18 Meister Eckhart, *Sermoni tedeschi* (Milan, 1985), 独語による原文は Quint, *Meister Eckhard*, 4th ed. (Munich, 1977).

判断する。ミースの建築解法も同じ原理に同意している。装飾が建築秩序の定義のごく根本を構成しているように（アナンダ・コーマラスウォーミィが例示し、ルネ・ジェノンが「尺度」という概念についての議論の中で論じたように）、同じくミースの場合、形態は本質的に秩序《オーダー》であった。この原理を実証することで、作品は真理を目指す志向性を明言するのである。

装飾、尺度、オーダー。こうしたものがミース的尽力《オペラーリ》の本質的特徴である（図4・8）。装飾とは素材の正当な用法と知識とを意味し、ミースによってデザインされる空間に認められた唯一の飾りなのである。尺度は美のために与えられた儀式であり、トマス・アクィナス的にプロポーションによって表現される。オーダーは近代の客観化という仮面の拒絶である。そして最後に、有機的編成が、「事実」の貧困に面して下される決断の明確さなのである。

装飾とは、テクトンが守護する価値を表現することを、建設芸術《バウクンスト》によって許される秘訣である。そしてこのように結論づけるためには、ミースのもっと巧妙な金言を思い起こすのが有用であると思われる。この建築家が、建築は二つの煉瓦を注意深くつなげることから始まると語るときに、注目すべきは、「二つの煉瓦」という珍妙でちっぽけなイメージではなく、建築的に意義をもつものを作り上げるためにそのつなぎ合わせに要求されるものであり、ここでのキーワードは「注意深く」である。計画、建設、そして建設芸術《バウクンスト》が連続して注意に含まれているのである。そしてここで注目すべきは、「無為」と時間である。ニーチェの教えるように、取り返すことのできない決断である。建てることはこのように、何かが起こる可能性を保護することである。伝統への愛情と「新しさ」を拒むことである。建設芸術《バウクンスト》とは、つまり、時間の芸術である。

一九三九年のミース宛の手紙でリリー・ライヒは、エルンスト・ユンガー[訳注13]の『あばたと石』を読むよう推めている（彼女は『石とあばた』としている）。ユンガーの本への熱意はどうや

訳注13　Ernst Jünger（1895- ）ドイツの作家。

図4・7　レイク・ショア・ドライヴ八六〇—八八〇と九〇〇—九一〇アパートメント、シカゴ、一九八六年

図4・8　シーグラム・ビル、ニューヨーク、一九五四～五八年

らミースも共にしていたようで、すでに一九三四年の初版を持っていた。さらに、彼はこの作家の思想に親しむようになったのは、『時の壁へ』（一九五九年）を通じてであり、この書には全巻を通じて、ミースが暮らそうと決めた精神世界へ向かうための有効な情報が詰まっており、その世界から彼は、「世界の幻滅が空虚の中に終息する」ところである「時の壁」へと人間が容赦なく近づいて行くのを、見守っていた。その反復能力を力づけるように、また、神がディテール——ここでは尺度／オーダーと同義である——に与える特別な好みに関してアビー・ヴァールブルク[訳注14]が述べたようなコメントを誘引するほど、ユンガーの至高の書は「ほんの一息」で、昆虫学者の注意を惹くようなディテールを捕える能力を完璧に不動のものにしている。それと類似した資質が、ミースの作品にも存在するのだ。

しかしながら、ディテールにはどんな意志も存在しえない。どうすれば住まう場が気まぐれな自由の表現たりえよう。だがディテールは装飾がその全可能性の発揮を見せるポイントなのである（図4・9）。それ以上に、ディテールを通じ良き神がその秩序づける力を全構造に及ぼすのであり、それはミースの書いた多くが証言するであろう。

過飾の敵にしてオーダーの伝令、すなわちディテールによって、その構成そのものを通して、オーダーと有機的編成へのミースの称賛の底流をなす静寂の希求は長く伸びて行く。静寂こそ、ミースの建築と思想の鍵である。それは反論の余地のない価値であり、やはり中世の伝統に根差した意義であることが、マイスター・エックハルトの説教、『私の願ったすべてのレクイエムの中に』に見事に例示されている。

> 造物主がすべての被創造物を作ったときの意図は何であったかを簡潔に述べるならば、こう言うであろう、静寂、と。そして、聖なる三位一体がそのすべての行いの中で常に求め

訳注14　Aby Warburg (1866-1929)
ドイツ美術史家。

ているものは何かと尋ねられたなら、私は答えたであろう、静寂、と。そして、魂がその動きすべての中で求めるものは何かと尋ねられたなら、私は答えたであろう、静寂、と。そしてすべての被創造物がその自然傾向すべての中で求めるものは何かと尋ねられたなら、私は答えたであろう、静寂、と……どんな被創造物も静寂ほどには神に似ることはない。*19

このような似姿こそ、ミースの仕事の目標であって、集中しながらも、この静寂が世界の

*19　同右。

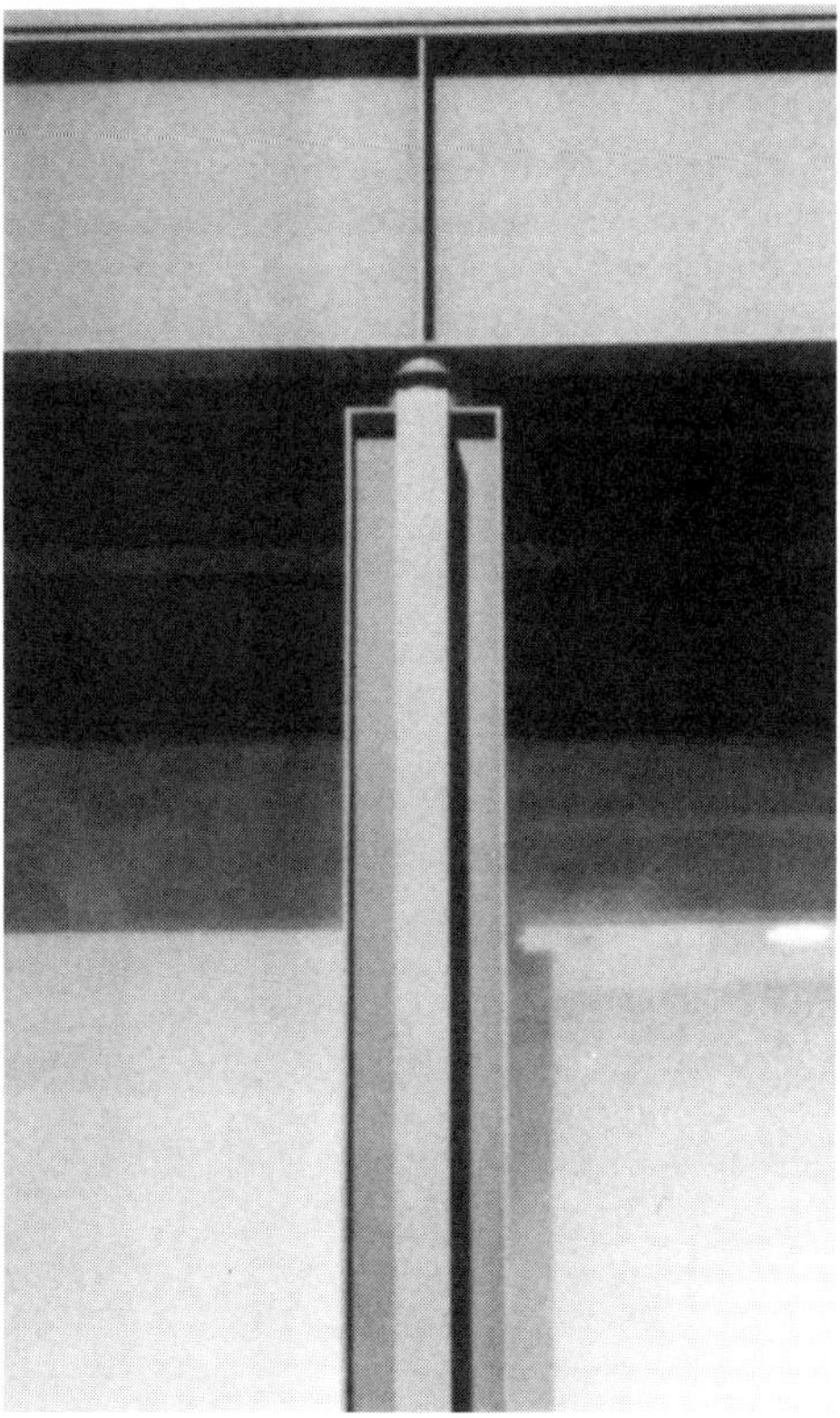

図4・9　新国立ギャラリー、ベルリン、一九六二〜六七年、一九六八年にシカゴ・アート・インスティテュートに展示された柱の模型

「事実」にとって到達しえないものだと十分気づいていたのである。ミースの話す言葉の「ドイツ語の遅さ」は、終わることのない待ち、「無為」の形を取り、そしてそれにもかかわらず、静寂の入口でもたついていた。静寂は遠くで輝き、それゆえ苦悩の種であった。ミースが上記のエックハルトの説教を希望をもって読んでいなかったなら、グァルディーニをそれほど理解できなかったであろう。そのこと自体が、おそらく何にもまして、ミースが建築の本質の理想について信じていたものを、より明確にしてくれるであろう。

もし、「われわれの時代の内的構造とその魂の緩やかな展開の表現」という建築定義を受け入れるなら、逆にこの定義が独特のものでもなければ特に重要なものでもないと認めなければならない。このような洒落た言葉は困惑した大衆を満足させるかもしれないが、しかし、ミースが彼の生涯にわたる作品の中で形成してきたもっとラジカルな疑問にきちんと答えるものではない。時代の魂の緩やかな開花はどのように真理として現れるのであろうか？　どのような形態がこの真理を包むのであろうか？　ベン・ソロモン[訳注15]から聖トマス・アクィナスを経て、ミースは彼の疑問のほんの一部に答えるだけであるものの、最終的に答えをえたのである。すなわち、真理とは事物と知性の一致である。しかし、事実の真理を目指す建築家の責務を越えて、さらにラジカルな疑問がもっぱら計画する者に関して巻き起こってくる。ミースが一九五九年にロンドンで聴衆に語っているように、「『われわれはここからどこへ行くのだろう』というのは意味がない」。意味をなすのは、そして建築を構成するのは、別の疑問の必然的な反復のうちにあるのだ。すなわち、「建築とは何か」である。

矛盾は避けがたい。この疑問に真理が横たわっており、答えは一つしかない。この疑問自体の終わることのない反復である。この疑問は、ただそれ自体のみを答えとして受け入れるのである。

訳注15　Ben Solomon (1040-1105) フランスのユダヤ教学者、聖書学者。通称ラシ(Rashi)。

こうしたことから、この短い評釈を結ぶにあたり、エリアス・カネッティの言葉を借りて終わりにしたい。「(彼の)語るすべてに、魅惑するようなオーダーが君臨していた」。ここで言う魅惑者はしかし、ローベルト・ムージル[訳注16]である。しかしこのこじつけもあながち不適当ではない。というのも、『特性のない男』の著者と同じくミース・ファン・デル・ローエも「すべての物事の境界を、自分自身と同様になぞっていた。混合とか仲間関係、吐露、誇張に用心深かった。彼は、固体の状態にあった人間であり、液体や気体とは距離を保っていたのである」。[*20]

訳注16 Robert Musil (1880-1942) ドイツにおける、トーマス・マン、カフカ、ブレヒトと並ぶ二〇世紀の代表的小説家の一人。『特性のない男』はその代表作。

*20 Elias Canetti, *Das Augenspiel, Lebensgeschichte 1931-1937* (Munich and Vienna, 1985). 引用二文は第三章「ムージル」より。

本論は、フリッツ・ノイマイヤーの『ミース・ファン・デル・ローエ——非芸術的言辞、建設芸術思想』(Fritz Neumeyer, *Mies van der Rohe, Das Kunstlose Wort, Gedanken zur Baukunst*, Berlin, 1986)が発表されたときすでに脱稿していた。読者は、ダル・コォとノイマイヤーとで共通な課題の扱いについて比較してみたくなるであろう。特に、ミース・ファン・デル・ローエのノートや哲学書の読破、ロマノ・グァルディーニの影響など。Neumeyer, "Mies as Self-Educator," in *Mies van der Rohe: Architect as Educator* (Chicago, 1986) も参照されたい(編者)。

第五章　ミース・ミメシス・ミスリーディング——意味ある・意味ない

ピーター・アイゼンマン

伝統的に建築とは客体に意味を付加して創り出すことと考えられてきた。近年になってこの意味を別の概念と混乱するようになった。つまり、建築のテクストという考えである。これはたぶん単純なことで、何か物事が意味を持っていれば、そこに昨今流行の言葉「テクスト」が使えるからだ。しかしながら、テクストとはその対象となる客体から切り放せるものである。ある客体が（具体的なものであれ文章のものであれ）、同時にテクストにもなることがあるのに対し、テクストは、他の客体を読解したり分析したりしているという点で客体と違っている。したがって、テクストというものはすべて客体でありうるが、すべての客体が必ずしもテクストなのではない。テクストには必ず何かが含まれている。その何かとやらは他の客体への接近ないし擬装《シミュレーション》である。テクストとは、この他の客体を再現したり象徴化するのではなく、その構造を明らかにしたり擬装したりしようという試みなのである。

このテクストと意味との混乱という点が、どんな建築でも、形態分析と象徴分析のどちらかによってそのテクスト構造を明らかにできるという仮説になった。事実はそうではない。形態分析は、客体を客体として調査できるだけである。象徴分析はその客体の伝統的な意味を調査できるだけである。どちらもテクスト構造を明らかにすることはできない。意味、形態、そしてテクストは別個な対象なのだ。テクストとはその客体の構造の擬装であるから、その擬装の操作を明らかにするためには、テクストの分析を行わなければならないのである。

テクストの分析は、形態分析とも象徴分析とも、以下の点で異なっている。形態分析は形態の体系を見いだそうとする。連続性とか、囲い込みとか、プロポーション、すなわち柱間隔、壁長の関係、全体に対する実部・虚部の比率、といったものを見る。このように形態分析が建築形而上学の美学的側面に関与しているのに対し、象徴分析はその伝統的意味にかかわっている。ここで言う意味が展開されるのは、何かの見地から描かれるものの引喩の分析においてである。例えばファサードは顔、煙突が背骨、等々。一方、テクスト分析によって明らかにされる「意味」とは引喩に関するものではなく、構造的意味なのだ。構造的意味には差異はあっても、再現はない。象徴とは引喩的なものであって、他の客体を再現する客体である。しかし記号とは、テクスト的であって、ある要素を他から区別するのに、形態的ないし引喩的関係ではなく、むしろ、構造的関係の組合せの中で行われる。記号は表記における道具であって形態とか象徴とかの分析に道を開くものではなく、すなわち、自己指示的なものなのである。いわば、形態としての全体ないし象徴としての全体に参与することはないのだ。例えば、ミース・ファン・デル・ローエのコンクリート造田園住宅案(図5・1)のファサードにおける開口は、床スラブが不在であることを示す記号であって、その象徴ではない。この開口は現前と不在の差異を記しており、したがって、形態的要素でもなければ象徴的要素でもなく、テクスト的要素なのである。差異の記号と現前の痕跡とはテクスト的表記である。このような種類の表記の操作こそ、伝統的な意味分析からは大抵無視されてきたのである。「差異としての記号」を覆い隠してしまう「引喩としての象徴」のゆえに、テクストという次元は考慮されないままなおざりにされている。かくしてテクストという概念を、どんな客体にも現前するであろう――

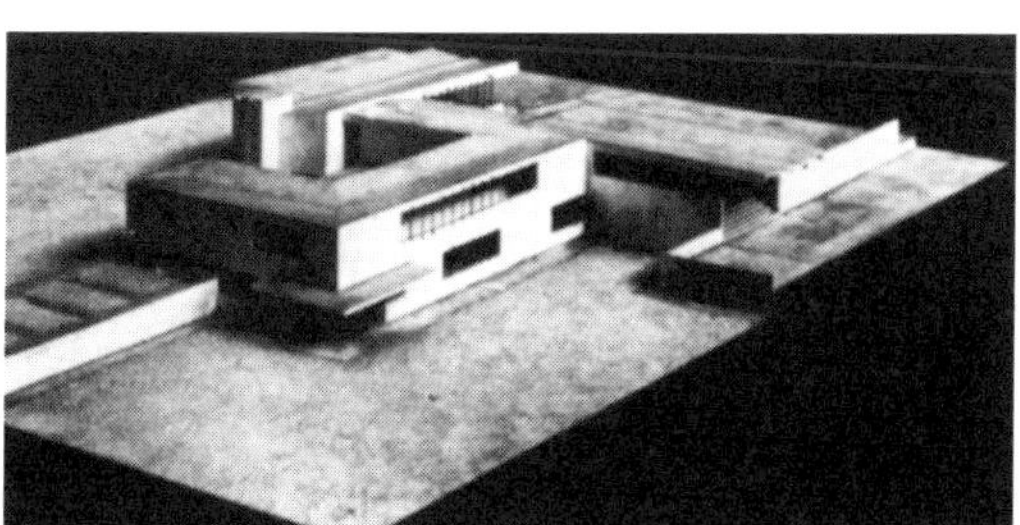

図5・1 鉄筋コンクリート造田園住宅案、一九二三年、模型

形態的象徴的そしてテクスト的な――葛藤に満ち満ちた表記システムから、「ふるい出す」べきなのである。[*1]

伝統的に文学では、擬装するなり分析するなりしたテクストは必ず客体の外にあるか、それと並行していたため、客体とテクストとは違うと考えられていた。この概念に対して脱構築批評が攻撃したのであり、分析する側のテクストとされる側の客体との間には差異はなく、互いにからまりあって離れないものだ、と示したのである。[*2]同じように、建築では常に、建築批評というかたちで外面的なテクストの伝統を楽しんでいたものの、分析対象の客体の中に埋め込まれたテクストも常に存在していた。言語では記号が「不在の」客体を再現しているのに対して、建築では記号もその客体も両方とも現前している。このように、建築におけるテクスト分析は言語のそれと違っている。そのことから、言語であれば記号と客体との合同が必要なのだが、建築ではその逆が正しいと思われる。建築においては記号も客体もともに現前するのだから、もし記号が象徴から解き放たれるべきであるならば、記号と客体とを引き離す必要があると思われる。このエキスから二つの物が見いだされる。一つ、その先立つ象徴内容を取り去った客体。二つ、この状況を擬装している構造（というのは先立つコンテクストがなければ客体となりえないからだ）。この構造はテクストと考えることができる。

ミース・ファン・デル・ローエの作品については、このテクスト性という有効な光の下で吟味されたことがない。マンフレート・タフーリとフランチェスコ・ダル・コォという、その刺激的な著作の中で伝統に囚われないミース解釈を提言した彼らでさえ、作品をテクストとして見ていない。[*3]それでもしかし、ミースの作品には強くテクスト性を見ることができ、特に無視することのできない厳密な不協和音への専心ぶりに顕著である。このことは象徴とか形態という面では何の意義もないと思われようが、これから論じていくように、意義がないからこそそ

＊1　参照、Barbara Johnson, "The Critical Difference," *Diacritics* 8, 2(1978), p. 3.

＊2　参照、J. Hillis Miller, "The Critics as Host," in *Deconstruction and Criticism* (New York,1979), pp. 217-53.

＊3　参照、Manfredo Tafuri and Francesco Dal Co, *Modern Architecture* (New York, 1982), pp. 153-157.

れらが、テクスト性とは何ぞやというエッセンスであるのだ。

ミースの建築にテクストが現れるのは、人と客体との象徴面でのつながり（したがって象徴と客体とのつながり）がその適切さを失い、それゆえ切り離しうるようになったときである。人間という脊椎動物の構造を擬装するかわりに、ミースの建築はテクスト構造を擬装している。人間の模倣からの建築の分離が擬装の生産である。このコンテクストにおける「テクスト」は、客体の対称軸を人間の身体の脊椎という軸に結びつけてきた模倣やヒエラルキー、象徴主義を取り壊そうとする試みの中に見ることができる。この破壊が起こるとき、ミースにおいて客体は不安定になり、ヒエラルキーを失う。その非対称が照らし出すのは、その要素がそれらの脊椎動物なり有機的なりの構造から別れた、ということである。ミースの模倣からの断絶によって、同時に伝統的な再現からの断絶も生じる。ミースにとってこの断絶は、近代の中への古典の混交という、破天荒な配置の中に明言されている。[*4]

ここで鍵となるのは、古典的要素（軸性とか対称性等）の非古典的手法による再導入である。この混交は、近代の古典への弁証法的な挿入（客体のテクストへの挿入）というよりもむしろ、古典に対する造反かその封じ込めである。それは、伝統的な再現との決裂というコンテクストの中に再現されている。それゆえ、ミースの作品は、切り放された物を提言する論議として、存在の解消されざる状況としての疑念として読むべきなのだ。このように合成されていない光を当てて作品を見ることが重要である。

一九二三年から一九三五年までのミース・ファン・デル・ローエの仕事は、内的な、ほとんど自己指示的な物語を形成する三期に落ちつく。初期作品（特に煉瓦造と鉄筋コンクリート造の田園住宅）、中期作品（バルセロナ・パビリオンとトゥーゲントハット邸）、そしてこの期間の後期作品（要約されているのはフッベ邸、やや小さいウルリッヒ・ランゲ邸）である。物語

＊4　この考えはタフーリとダル・コォによって提示されているが（注3）、これはテクストという理由によるものではない。

には二つの側面がある。まず、フォルマリスト（古典美学が関与）からモダニスト（主観と客観とを解体）を経由してテクスト的建築への動きを見つける。そのテクスト的建築とは、形態としての客体（用途、意味、シェルター）の中に埋め込まれた、並行な言説《ディスクール》、すなわちテクストである（あるいは一連のテクスト的表記）。次に、この物語は他の客体につながる記号によって作られたものではなく、客体の差異――現前、不在、過程等――テクスト的と考えられるものを示す物語である。重要なことは、テクストは、意味を含み、美的で、用途あるシェルターの存在を否定するのではない、と理解することだ。むしろ、こうした論点の象徴することとか再現することはもはや主たる関心ではない、と示している。ミース・ファン・デル・ローエはこのテクストという考えに気づいていなかった。彼は自分の作品の中に「テクスト性」を意図してはいない。しかしながら、「テクスト性」が育ち展開していくという証拠ははっきりしている。必要なのは、そこへ至る道を見つけることだけだ。このためには、ミースは誤読される必要がある。すなわち、あたかも彼自身の無意識からのように、内側から読むのだ。

　テクスト的物語としての、ミースの作品における最初の徴候は、煉瓦造田園住宅に見られる[*5]（図5・2）。この計画案は、主観からの客観の独立という限界を探究し、その限界をいかに分節表現しうるかを探究することから始めている。これはテクスト性の第一の原則に関与している。これは、象徴的な客体を単なる客体、すなわち人間についての伝統的な物語を持っていない客体へと還元することである。この煉瓦造田園住宅に、ミースはテクスト的装置としての建築要素を配置するようになる。その最初は壁である。ここではこの壁が、この家の中には空間がないという事実を語っている。壁は空間を区切っていない。むしろ、それら自身の存在状況を示している。すなわち、荷重支持能力と区分能力である。

　従来、壁は空間を囲うものとして読まれていた。空間を内包するか、囲い込むか、閉め出す

か、である。しかし、この煉瓦造田園住宅の壁は、単に現前する客体であり、分別する空間のない区分、あるいは空間が取り除かれて皮のみ存在している。ファン・ドゥースブルフの一九一八年の絵画、「ロシア・ダンスのリズム」（図5・3）はしばしばこの煉瓦造田園住宅の原典と言われているが、実際のところは、空間に対する上記のような姿勢を反映していない。このような空間の不在を活かしていないのだ。空間は地として働いている。ミースの場合、壁を浮遊する図とすることで、空間の不在が、主たる古典要素――地――を排除している。単にミースの場合、こうしたアイデアを洗練させていく元となる媒体をファン・ドゥースブルフの中に認められるというだけのことである。

　同じように、煉瓦造田園住宅のガラス板は何も含んでいない。さらに、それらは単に虚《すきま》の存在である。また、形而上学的な囲いという住宅概念の崩壊を示し、内部と外部との従来の区分を放棄している。この住宅は囲み、覆うが、しかし囲いとか覆いを象徴したり再現したりはしていない。結局この住宅は、古典模倣からの解放はあるものの、形而上学的な意味での客体に終始しているのだ。

　この模倣の転位は、鉄筋コンクリート造田園住宅（図5・4）の全テーマのごく一部に過ぎない。というのは、次の展開があるからである。煉瓦造田園住宅には空間の不在があるのに対し、こちらではそのような不在が記号によって明示されている。これが、テクストの最初の表示である。それは再現的な姿勢でも美学的なものでもない。ここに至って記号としての客体であり、その客体自体の状況の記号である。これが、人間の状況の再現としての客体から、その客体の内なるテクストという概念への中枢的な推移を明示している。

　ミースはこの推移を、人間的な平面の否定から始めている。古典的な基壇があるにしても、人間の象徴的平面、すなわち地平面がそれ自体客体から切り出されていると示すために使われ

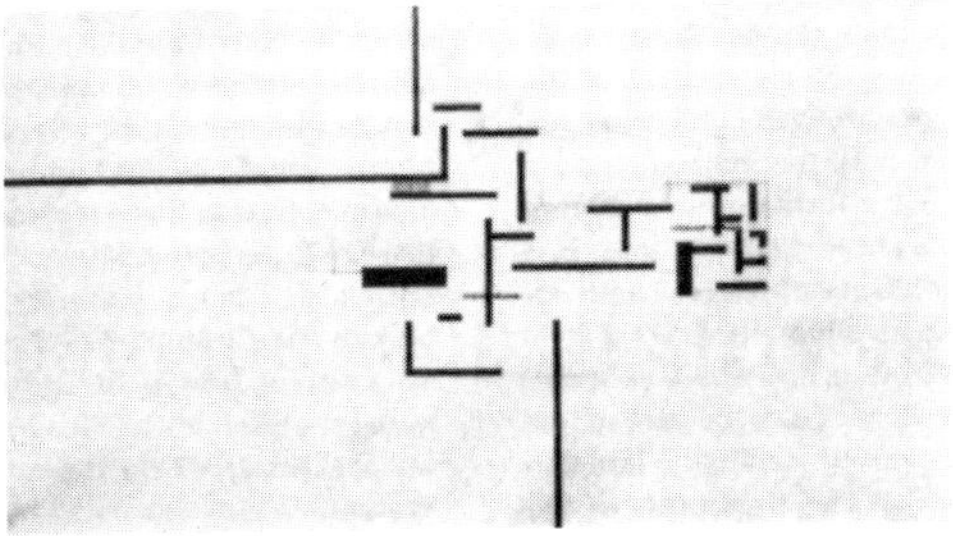

図5・2　煉瓦造田園住宅案、一九二三〜二四年、透視図と平面図

＊5　コンクリート造田園住宅は経歴的には煉瓦造田園住宅よりも遡るのだが、テクスト的連続性における最初のものではない。コンクリート造田園住宅に含まれるアイデアは、煉瓦造田園住宅という声明を経てからのみ、理解されうるのである。

図5・3　テオ・ファン・ドゥースブルフ、『ロシア・ダンスのリズム』、一九一八年

ている。立面図では、床面は細長い穴として読める。内部には実際の床面があるのだが、立面には印されていない。この垂直面への切り込みはまた、その上部にある窓との関係が予期されるのだが、この期待は裏切られる。他の開口と連係するであろう窓の解決法は多々様々にあるのだが、ミースが選んだのは、切り込みによって床面を印すことであり、人間的な平面の否定を印すとともに、コンクリート壁という支持体の引喩が犯されていることを示しているのである。それはまるでミースが故意に、明確かつ論理的支持体という壁の「意味」の、足元をえぐったかのようである。

煉瓦造と鉄筋コンクリート造の田園住宅に続くバルセロナ・パビリオンとトゥーゲントハット邸は、ミース作品の次の時期を例示している。特にバルセロナ・パビリオン（図5・5）は、囲い込むという古典的概念と囲う壁というものへのミースの対決姿勢の前進の重大な局面をはっきり見て取ることができる。ここにおいてミースは、二つの建築的要素を、テクスト的

図5・4　鉄筋コンクリート造田園住宅案、一九二三年、透視図

図5・5　バルセロナ・パビリオン、一九二九年

装置へと移し変えている。すなわち柱と屋根である。主題はコートハウスであるものの、ミースは、中庭を囲い込むのではなく、切り開くことで柱と屋根をあらわにしている。以前テクスト的に用いられた二要素、壁と基壇も、同じように操られている。さらに、この壁は有限な壁ではない——この壁は空間を作り人間と客体との古典的関係を象徴している。その壁は空間を切り裂いている。その始まりも終わりも、何らかの規則性に従っているのではない。むしろ、それら自体の存在にのみ黙々と従っているのだ。[*6]

バルセロナ・パビリオンの基壇は先の二住宅と同じく、軸線上にエントランスがあるのではない（これから論じるように、ミースの作品に古典的要素が埋め込まれるようになったときに、軸線上のエントランスはテクスト的装置と化する）。実のところ、ミースのプロジェクトの多くのうち、初期の計画にはフォルマリズム偏重が見られるのだ。そしてそれらは、最終的にテクスト的なものになるまで働き続ける。バルセロナ・パビリオンの初期のスタディの中には、「隠れた古典性」とでも呼ぶべきものを志向した、さらに試験的な態度がある。例えば、主基壇に対するプールの位置調整（図5・6、7）がある。この位置調整から、基壇とプールの線によって主エントランスの方向性が強められており、かくして外部と内部の間の垂直な障壁を建てている。実現案では、プールは景観の中へと押し出され、壁のコーナーへと押しやられている。もはやテラスによって縁どられてはおらず（図5・8）、逆に壁を突き抜け、外部から押し込まれたかのようである。初期の計画では、小さな離れ屋を除いて基壇全部が、妨げられずに四角くぐるりと取り囲まれている。実現案では、この囲みは各コーナーで切り欠かれており、ほとんど気づかれないほどではあるが、不安定さを十分引き起こすようになっている。この切り欠きの主動機は、屋根スラブを形態上床スラブから解き放つことにあり、したがってそれを一つの語り手として解き放つ、すなわちもう一つのテクスト的装置として解き放つ

*6　これはル・コルビュジエのいかなるプロジェクトに見られる壁とも対立する。ル・コルビュジエのものは、最終的には彼のモデュロールによる比例体系へとつながるプロポーション序列に従っている。そのモデュロールの寸法は、フィボナッチ数列に基づきながらも、モデュロールの人間像という究極の神人同形論へとつながっている。

図5・6　バルセロナ・パビリオン、平面図その一、一九二八年

図5・7　バルセロナ・パビリオン、平面図その二、一九二八年

図5・8　バルセロナ・パビリオン、最終平面図

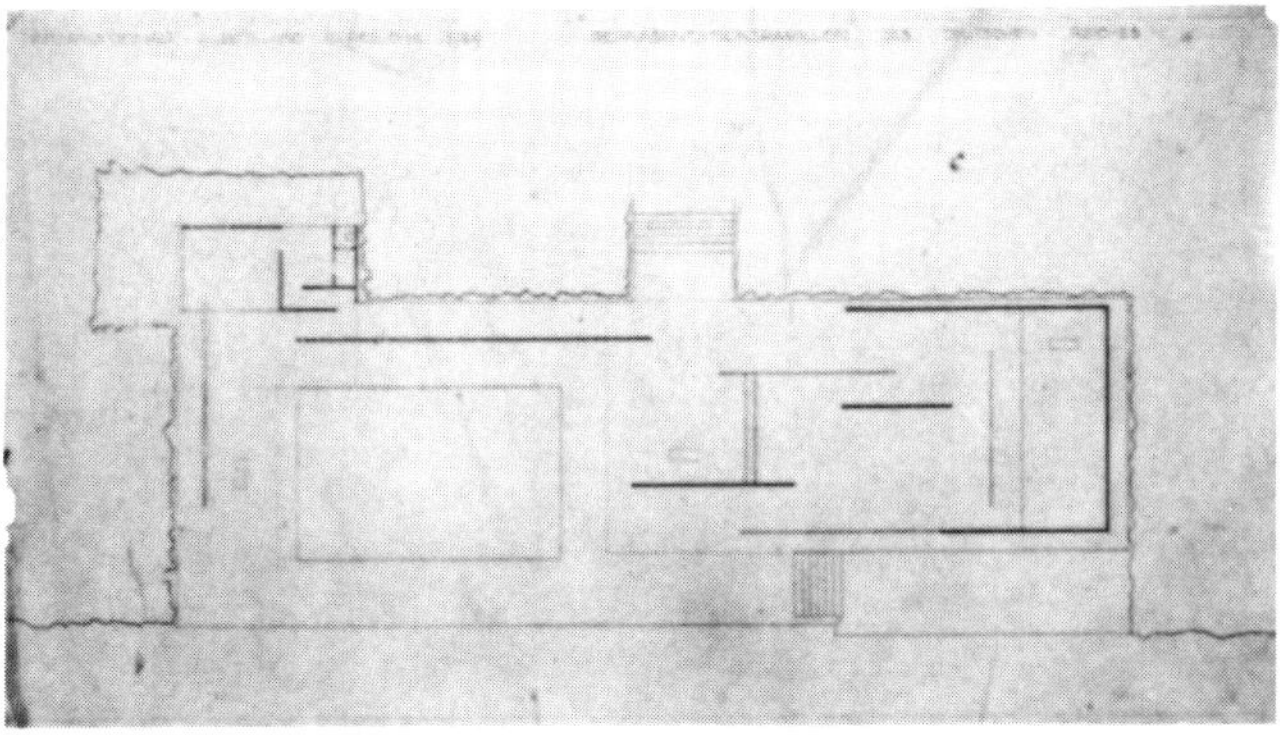

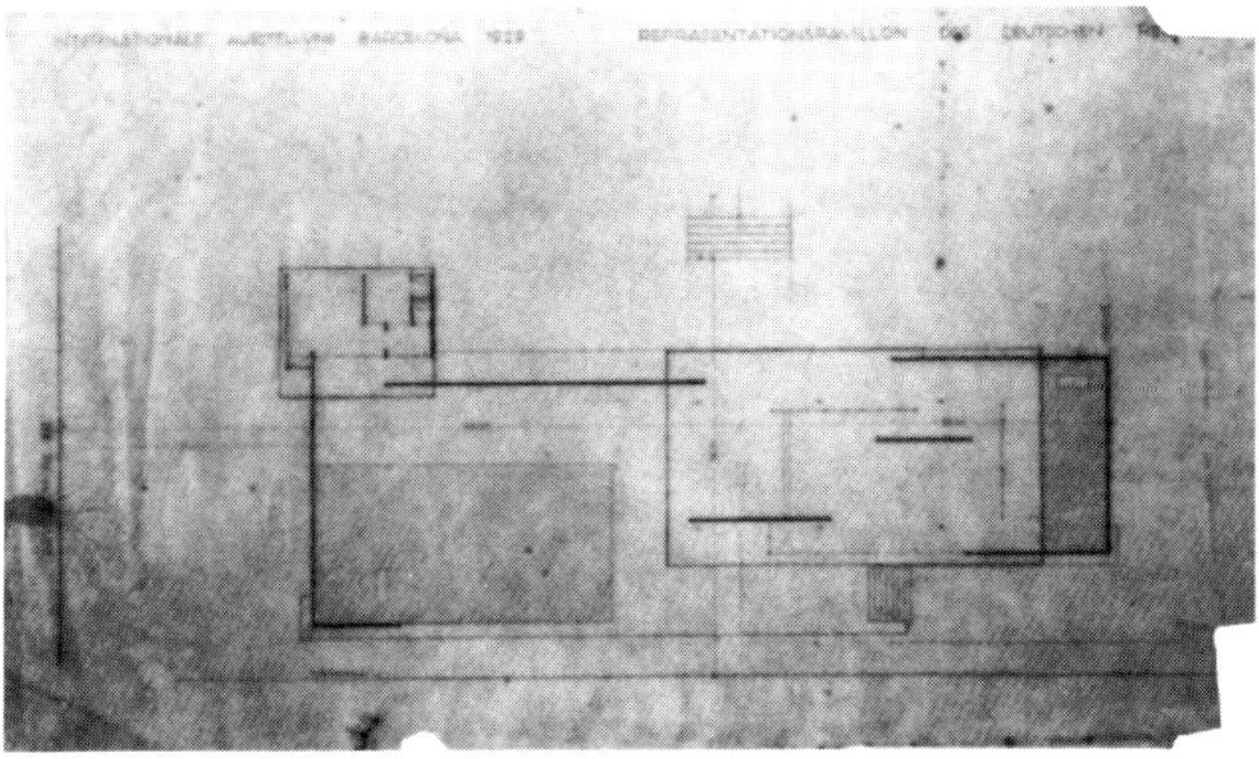

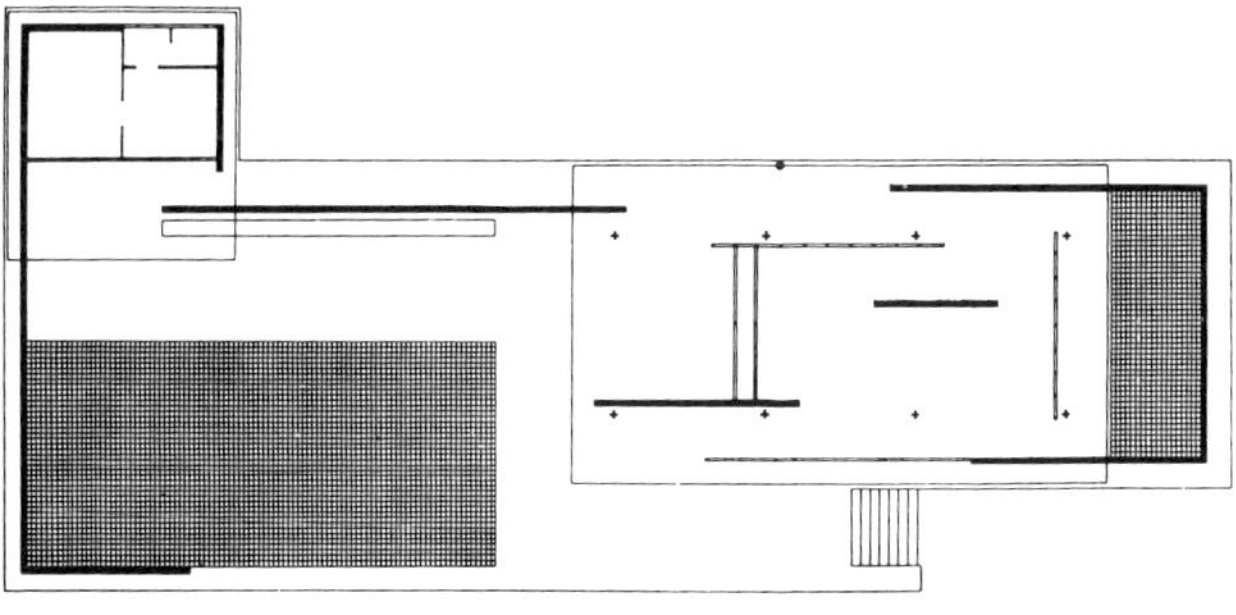

ことにあるのだ。バルセロナ・パビリオンにおいて屋根スラブの置かれた状況は、ル・コルビュジエのドミノ住宅（図5・9）とは正反対である。後者では人間の背丈と地位とが、水平な二つ一組のデータとしての屋根スラブ／基壇によって象徴化されている。バルセロナ・パビリオンでは、それまでシェルターおよび囲い込みの象徴であった屋根は浮かび上がり、この意味を奪い取られている。浮かんではいるが、象徴的には何かのシェルターでもなく、何も囲まない——それまでの象徴的存在から抜き取られ、記号として再加工されたのである。実のところ、このパビリオンには屋内空間が存在しない。その象徴的存在は、空間連続性と実用的な屋内空間の否定にあるのだ。

　このバルセロナ・パビリオンは、ミースの作品において柱を初めて使っている。同時にそれは、表記的道具と化している。ル・コルビュジエにとって柱は近代建築の真髄たる象徴であった。彼の用いる柱の典型は、丸く、ファサードからセットバックし、規範的な「自由な平面」と「自由な立面」を形成するもので、それらはモダニズム建築のトレードマークとなっていくのであった。ミースにとって、柱は記号として使われるもので、象徴ではなかった。バルセロナ・パビリオンでは、柱は、壁から離されながらも、後退するというより前に出るように置かれている。その十字形形態のゆえに、正方形の空間がつながっている連続空間の各コーナーを決めるために置かれているかのようである（図5・10）。しかし実際には、コーナーの欠如を物語っているのだ。これはミースが鏡面のようなステンレスを使ったことで強められ、柱は映し合ってその無限さ——その不在という存在——を倍加している。[*7] コーナーが消失し、負の空間が存在として読まれる（たとえ虚《すきま》であっても）。ガラス板がさらに反射し、それらの虚《すきま》を存在として強め（屋根の機能が繰り返される——何も覆わない）、かくして不在の囲い込みと化すのである（事実、ガラス扉は日中は取り外され、夜間に保安上取り付けられるだけと想定さ

＊7　コーリン・ロウは別の意見を持っており、ミース・ファン・デル・ローエの柱断面の変化の分析は、ミース・ファン・デル・ローエの作品の形態的展開を理解する方法と同じぐらいに有用なテーマであると主張している。

れていた)。ガラスを区切り縁どるステンレスの方立もまた、不在の意味作用と視覚的な自己指示のレベルをさらに作りだしている――存在するガラススクリーンの中の不在のようである。

トゥーゲントハット邸でミースは、テクストのもう一つの面を導入している。輪郭とテクスチュアを記号体系へと還元することである(図2・11、12参照)。ここでは二つの曲面形態が

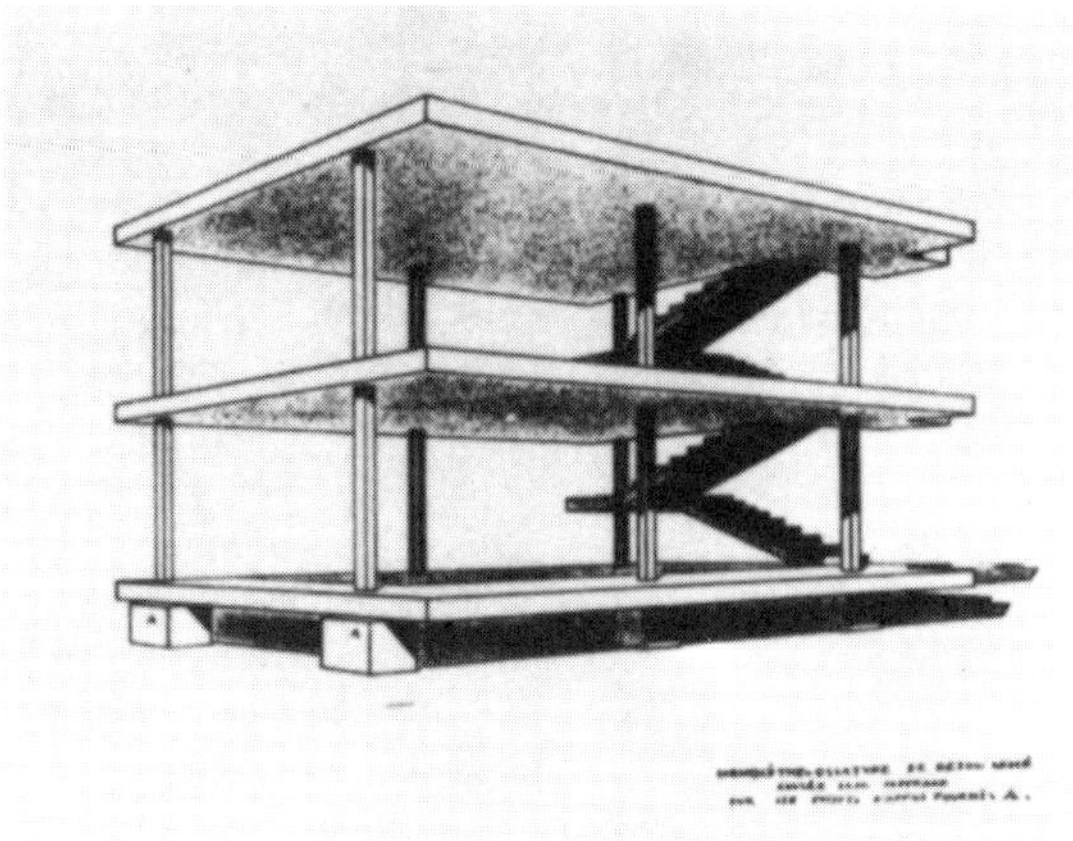

図5・9 ル・コルビュジエ、ドミノ住宅、一九一四年

図5・10 バルセロナ・パビリオン

見られる。一つはエントランス階段であり（図5・11）、もう一つはリビング領域とダイニング領域を仕切っている（図5・12）。階段の曲面は不透明ガラスであり、リビングルームのほうは木である。例によって、曲面で閉じられた階段室は、もしこれがなければ抑揚のない四角四面な計画になってしまうところを、形態的な緊張と関心とを作りだすべく、あるいは機能にアクセントを付けるべく、いささか気ままに用いられている。トゥーゲントハット邸でミースはこの形態をより大きなテクストへと膨らませている。木の曲面に不透明ガラス板を交わらせたのも偶然ではない。もし白い壁のどれかがニュートラルなデータとして採られるなら、エントランス階段室の不透明なガラス曲面と対照をなす固形物として見られることになる。しかしながら驚くべきことに、この同じ不透明ガラス——今度は「平板」として——がリビングルームの木の曲面を背景に見られるときには、その不透明さは険しいコントラストの力によって非物質化されているのだ。二つの良く似た曲面が似ていない材質によって分節され、不透明な平らな壁という物理性を、テクスト的に、違いという対話の中へと引きずり込んでいる。同じ「不透明ガラス」という素材が、それぞれ、違った記号となり——両者合わされば負の記号となる。前者は、正のかたちである。後者は、「負」ないし中性のかたちである。

トゥーゲントハット邸ではまた、テクストとしての家具の用法もある。ミースの計画のほとんどには、バルセロナ・チェアが二つ並べて、そしてもう一つを離して置かれている。造園家はこの手法で樹木を組ませ、自然なアンサンブルを作り出し、空間を抜けて流れる連続性を可能にする。トゥーゲントハット邸には同数の椅子（バルセロナ・チェア三脚、トゥーゲントハット・チェア三脚）が置かれ、それらは、一つの対称形を形成してその上で、固定されていない第三の椅子によって気まぐれに打ち消されるというように配されている（図5・13）。重要なのは、この戦略が通常の機能に反しており（二ないし三という組合せを混乱させている）、

＊8　ウルリッヒ・ランゲ邸はフッベ邸より後のものであるが、いくつかの点では先駆けとなっている。しかしながらフッベ邸と比べ、記号と象徴の分離を欠き、未消化である。ウルリッヒ・ランゲ邸は、フッベ邸の批評形でも、洗練形でも、変容体でもない。フッベ邸に良く似て見「聞き」されるものの、全く同じ意味を持っているのではない。

そのことによって、このグルーピングには別の意図があるということを示していることである。

ここで取り上げる最後の時期、一九三三〜三五年は、モダニズム的設定の中に埋め込まれた開放的な古典要素の復帰によってきわだっている。これは二つの類似したプランの住宅に例示されている。ウルリッヒ・ランゲ邸（図5・14）とフッベ邸（図5・15）である。[*8] この埋め込みから興味深い問題が生じている。モダニズム的設定の中に古典要素が埋め込まれていなが

図5・11　トゥーゲントハット邸、ブルノ、一九二八〜三〇年、エントランス

図5・12　トゥーゲントハット邸、ダイニングルーム

図5・13　トゥーゲントハット邸、リビングルーム

ら、もう一方では、建築から伝統的な人間の象徴主義を切り離すために、この戦略が用いられているのだ。フッベ邸はモダニズム住宅であってその対極のものを内包している。――古典的挿入句を。しかしこの古典の埋め込みは「負の客体」ではない（なぜならば建築は常に建設的な計画であるからだ）。[*9] また、建築における負という伝統的な概念である、虚《すきま》でもない。[*10] そのかわり、建設的存在としては不在である。それは異質な擬装を主催するモダニズム的客体である。古典的客体というテクストがそれに埋め込まれているのだ。これが重ね合せの客体である。重ね合せとは、地に図を単に重ねるのとは違う。モダニズム的地としてのコートハウスがあり、古典的教訓としての柱列がそれに重ね合わされている。重なって透けて見えるという、このような手法は、キュビスムのコラージュやル・コルビュジエのプランに見て取ることができる。二つの体系がかぶさりあい、それら自体が図と地に分解される。しかしフッベ邸は同じではない。古典的客体の擬装がモダニズム的客体に重ね合わされた中で、テクスト的客体となっている。地は存在せず、そのかわりに、図対図の関係がある。図対図はテクスト性の可能な状況を示している。すなわち、シェルターという用途とか形態、あるいは象徴といった原点のない建築である。むしろ、相互変容可能な完全体の自由な浮揚である。伝統的な象徴図像《イコン》的な建築の構造の浸食を、この、二つの体系（古典／モダン、対称／非対称、不在／存在）の同時存在、重ね合せによってなしているのである。

　不在の存在というテクスト的刻印や痕跡が、フッベ邸ではさらに、図の分解されざる性質によって示されている。バルセロナ・パビリオンやウルリッヒ・ランゲ邸と同じくフッベ邸は、元の二つの図へと戻せないように分解されたコートハウスである。対称に並べられた二列の十字断面柱がこの家を二つに裂いていることで、まず分断が強調されている。バルセロナ・パビリオンでは柱が建物の長手方向に走っていたのとは違って、こちらでは交差している。バルセ

＊9　参照、Jacques Derrida, "The Maintenance of Architecture" (Trento, Italy, 1986)、建設計画としての建築という考えの議論。

＊10　参照、Tafuri and Dal Co（注3）p. 157.

図5・14　ウルリッヒ・ランゲ邸案、一九三五年、最終案

図5・15　フッベ邸案、マグデブルグ、一九三五年、平面図

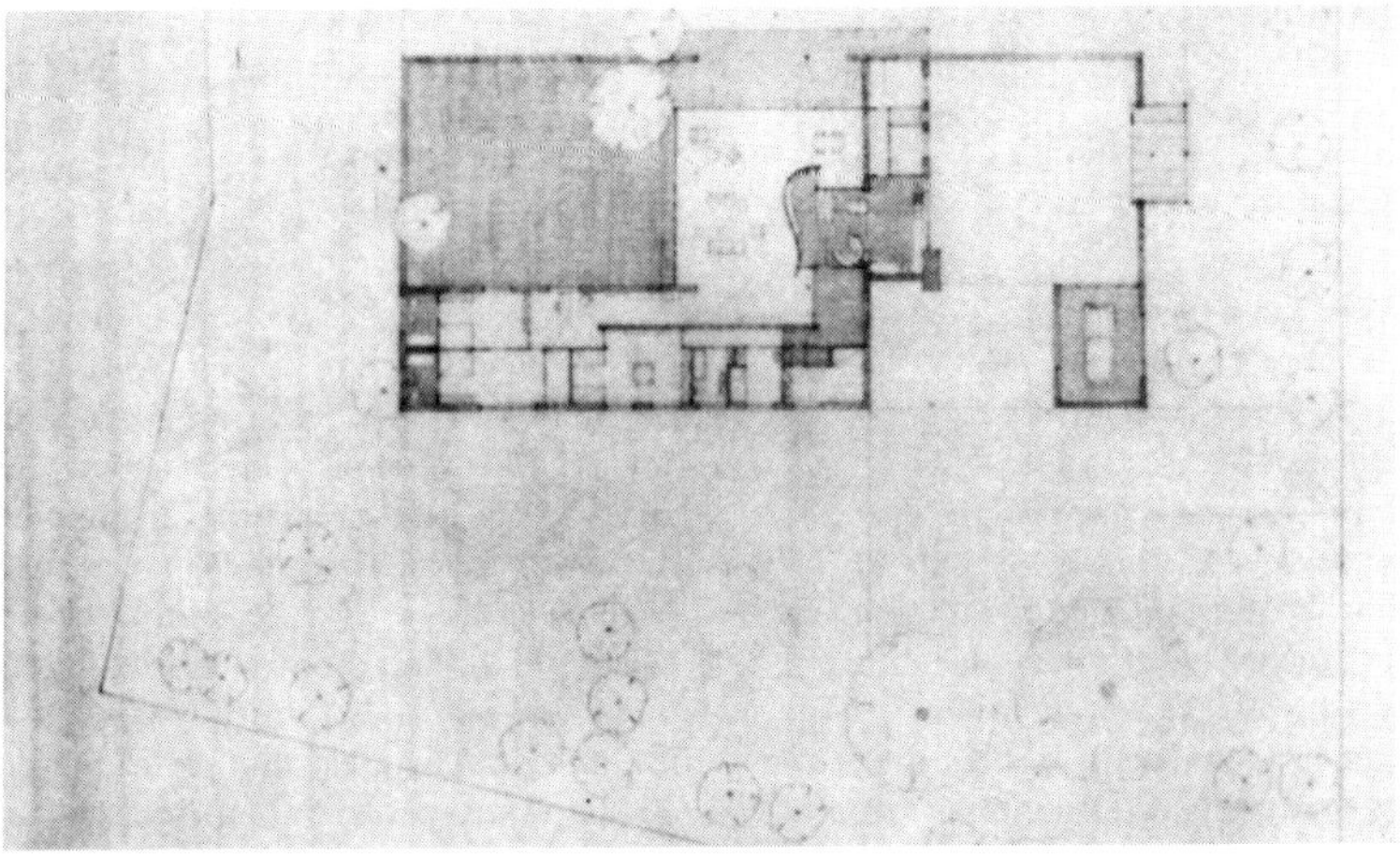

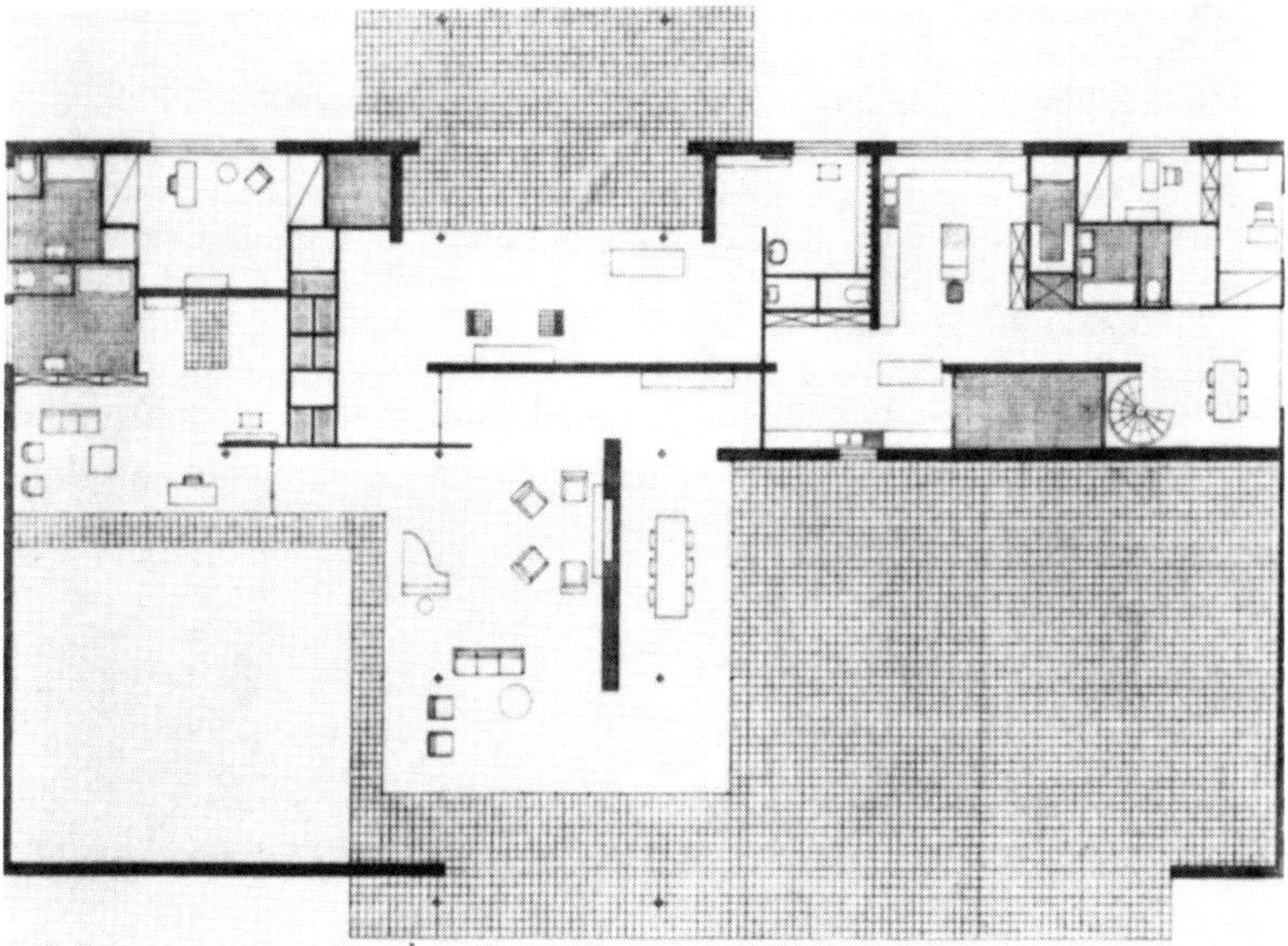

ロナではモダニズムの地を示していた。フッベ邸では古典の侵入である。それらは古典的な序列の導入否定双方を表明している。この存在と非存在の状態、埋込みと汚染の状態こそ、この住宅のテクスト性となっているのである。この柱は当初導入されたときには、浸食する道具となる対称軸を規定している。そしてそれ自体が対称的に浸食されているのだ。柱は住宅の長辺（正面と背面）との関係でも、閉じている短辺との関係でも、非対称に配置されていて、テクスト的読解の手ほどきとなる。柱列の始端の一対は、住宅から前方へと突出したテラスの中で対称になってはいるものの、外壁との関係からは非対称である。柱列の第二対はその両側に壁が付いているという関係からは対称形であるが、エントランスの柱間の家具はそれらと非対称にアレンジされている。実際、各柱間空間には、対称と非対称の、非常に厳密で細部まで考えられた打消し合いが連続して内包されているのだ。例えば第二柱間では、壁面がまるで外を取り囲んでいる周壁から欠き込んだかのようでありながら、その「元の」位置に戻すには長すぎ、また横方向にもずれている。第三柱間では暖炉を組み込んだ壁体がこの柱間の、縦軸に対しては非対称に、横軸に対しては対称になるよう置かれている。この暖炉壁はコンセプト上のスクリーンとして、両側にある二つの対称配置の分割線として働いているが、その配置のどちらも分割線に対してもう片方とは対称にはなっていない。壁体の中で、暖炉廻りそのものは、裏側のテーブルからの不在軸に暖炉の端をそろえるように対称に置かれている。この暖炉の開口に対し対称形に並べられた座席がさらに軸のずれを強調している。壁の裏側では、ダイニング・テーブルがこの壁と揃えて左右対称に置かれている。それゆえこの壁は、中心よりも端部によって不在であると示されている、それらの対称とは反対の非対称によって、それらの対称を打ち消す支点となっているのである。これらは、支点としての、すなわちテクストとしての壁には常に起こっていることである。自由に浮かぶ壁という要素の連続は、かつての象徴的な十字形のかけらにも似て、ミースが壁について、構造からテクストへと、象徴から記号へと再考慮したことの最終段階であるのだ[*11]。

この不在という表記、象徴から記号への移行の焦点は、ファベ邸に見られる独立した奇妙な柱に位置していると言える（図5・15）。これはどう説明されるべきか。おそらく、他になくなってしまった柱があったことの記号として、この建物の中ほどにその長さにそった背骨として存在するのか、あるいは柱の全領域として存在するのであろう。いずれにしても、この一本柱の孤立した存在は、それ自体を含めてただ不在を暗示するだけである。この柱はテクスト的であり、記号である。なぜなら、構造上のものでもないし、美学上のものでも、柱の歴史や由来を物語ろうというものでもないからだ。これは、「柱」というものの象徴主義の歴史から切り離されている。

さらに、ミースの建築には、解釈に抵抗してきた意味あるジェスチュアの表示としてのディテールというレベルがある。テクスト分析の効果を上げるためには、この抵抗――なにが意味あるディテールであるかを無視する傾向――を突き抜ける必要がある。例えば、一体仕上げになっている床材のタイル割りの関係という表記が意味あると読み取られるなら、それについては何の解決もない一連の崩れた十字形が目に入る。その十字形のまず最初のものには、完全な腕が三本と切り取られたのが一本ある。横方向の両腕は諸室からなり、下側の縦方向の腕はリビング／ダイニング領域であり、上側の縦方向の腕は前庭のタイル模様の重ね合せによって消されている（図5・16）。この崩れた十字形だけでなく、その腕もまたバランスの崩れた状態に置かれている。大十字形の左右の小十字形も同じように切り取られアンバランスであり、大十字形と呼応している。これらの崩れた十字形が一緒になって、全体の不安定さの記号となっている。

*11　これはタフーリとダル・コォの提示した、ミースの作品の重要性における不可能性とは違う。彼らにとって、ミースにおける記号は「もはや言語の有機的部材ではない。アヴァンギャルドが連続性を投射していたところを、ミースは分割をデザインした。彼の建築はそれだけで孤立する。対話不能の上での瞑想、それ自体を記号のモンタージュへと減じ、それらは誤って敷かれ、そこには回顧的な悲しみや意義の宇宙などは決してない。」Tafuri and Dal Co（注3）p. 153.

最後に、フッベ邸はコートハウスのテクストとしての結果をもう一つ持ち出している。タイプとしてのコートハウスは、空間を囲い込もうという試みである。しかしながら自然をも囲い込みもする。フッベ邸でミースはテクスト的に、人間と自然の逆転を開拓している。タフーリとダル・コォによるミース・ファン・デル・ローエ観では、ミースのコートハウスの中庭は、壁の中で自然を眺めるように含まれているというよりも、実際のところはガラス越しに自然を枠取るものである。すなわち、自然は自然ならざる客体、自然の記号へと還元されている。[*12] かくして、記号としての自然ならざる、人工の自然を用いることによって、存在を不在にされた、もう一つの不在、本物の自然があるのだ。

ミースのコートハウスは、仮想の囲い込みによって自然を擬装している。フッベ邸におけるタイプの破壊によって、自然ならざる自然は皮肉にも、本物の自然に対してさらすことによって汚されている。人間を自然から引き離しているガラスはいまや、人間を自然の擬装から引き離すガラスである。自然ならざる自然はガラス越しに枠取られるようになっている（図5・17）。いまやガラスは、内部の外部として見られるよりも、むしろ、外部の内的外部である。このガラスは、人間も空間も枠取らないが、自然を解消されることのない二重性の中に枠取っている。[*13] このタイプはもはや、単なる自然の擬装ではなく、テクストとしての自然になっているのだ。フッベ邸においてミースは、自然の否定を記号へと、その持てる意味と象徴主義のすべてを、客体化している。

負のデザイン、すなわち、存在も不在も、対称と非対称の逆転も、ミースの署名なのである。空間の不在は記号の記号となり、テクストの記号となり、そして象徴的機能的、美的、意味あるものとしてのシェルターの否定となっている。記号の記号は、対立物によって作りだされる余剰物である。ミースの意味作用は、対立という事実そのものを通じ、首尾一貫しないよ

*12　同右、p. 155.「自然は装飾の一部とされ、触りようもなく離された状況でのみ楽しみうる光景になっている。」

*13　同右、p. 157.「周囲との自然環境は人工建設によって置き換えられるべき不可解物である。」

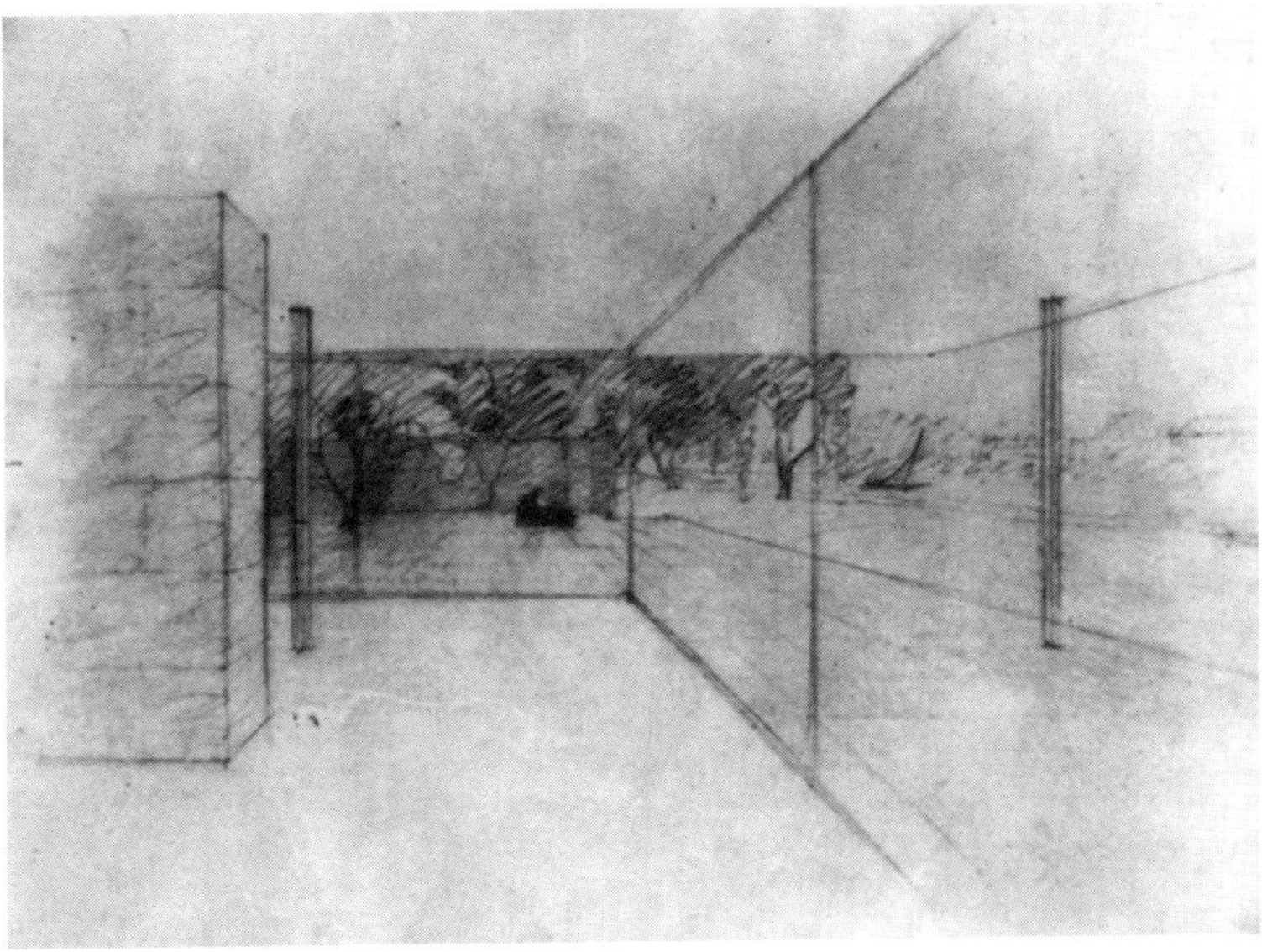

図5・16　フッベ邸、模型
図5・17　フッベ邸、屋内透視図

うにみえる体系を通じ、完成されているのである。全体としての体系を想定しても、それ自体が分裂してしまって、どれも優勢とならないような秩序によって裏切られる。こうした記号やテクストは象徴もしないし、再現もしない。それらは機能するが、それらのテーマを機能とすることはない。逆に、それらは象徴的事実と客体的事実を分離する。この二事実こそルネッサンス以来、人間の脊椎軸を、傾斜屋根、対称な暖炉まわり——世界軸の象徴として——に結び付けることで、力強く一体となってきたのである。

記号を形成するために客体から象徴を切り離すテクストは、建築を混乱させる。しかし建築とは、この混乱させるエネルギーによって支えられているのであり、そうした力は、安定とか体制化指向というよりもむしろ、創造力に富み、批評心を持っているのだ。ミースは象徴と事物を分離することによって、建築形而上学の保全のために必要であった、建築形而上学の混乱を産み出した。建築形而上学の歴史は、保全と混乱との限界の間で演じられる、一貫した闘争である。[*14] ミース・ファン・デル・ローエのテクストは、それらの限界を深く探究しているのである。

＊14　この概念のさらに完全な議論は、Derrida（注９）参照。

第六章　ミースとその弟子――テクストとしてのアメリカ建築とその読解

スタンリー・タイガーマン

建築とは本質的にそもそもテクスト的なものであると仮定するなら、文学が在来の方法で吟味されてきたのと似た方法でそのテクストを読み、解読し、解釈するという内容の議論に加わることが理にかなっているし相応しくもある。そうすることによって、建築のテクスト性に関する確実な特徴を発見することが可能である。それとも、建築は伝統的にその中に住まうという「信念」とも言うべき言葉の観点から知覚されてきたと推定することも同様に可能であることから、その解釈に対し、その信念を構成する特徴を再吟味することで建築世界の新しい領域があらわになるかもしれない。どちらのシナリオでも、建築的テクスト性への宗教的つながりの確立が、浮かび上がってくる理論の本質的なものとなる。というのも、「解釈」も「信念」もどちらも同じように、ただしそれぞれ独特な、神と人間との関係を表すものであるからだ。その建築との関係における宗教というコンテクストの中で、以下の小論は表されている。

二〇世紀建築界の巨人、ミース・ファン・デル・ローエは弟子たちによって神様のように祀り上げられたため（ミースが自覚していた道とは特に関係のない立場であるが）、彼の建築が、テクスト的に見て、解釈の答えをもたらす立場ないし単にその存在の内に信念を引き出す立場にある、と主張することも可能である。一方で、もしミースの建築がその表明すべてにはっきり理解されているとすれば、知られ（読まれ）また測られてきたこれまでの旧来の方法はその権威を保持しているわけである。しかしながら、同じ建築が本来「無言」であったなら、すなわち、通常は文化伝統と連係したそれら因習を欠いたなら（建築に関して言えば「独自性」とか「文化的つながり」、あるいはごく簡単に「有用性」といった基準である）、そのときには、ミースのテクストは別の読み方を十分受け入れられるであろうと主張することができるのだ。

ミース・ファン・デル・ローエの建築産品をこれまで分析してきた手法は、そもそも因習的なものであった。まず、近代運動という領域の中に彼の全作品を置いてしまう（しかし意味ありげに、建築の古典言語の明白な敗北につながる前哨戦をル・コルビュジエとグロピウスが始めた後に置かれるのである）。あるいは、彼のテクストをある便利な歴史運動と並べてみて（特にゴシック、というのも建築史の中で構造合理性という部分に入るという便利な解釈ができるからだ）、ミースとそのテクストを歴史的視点から検証しようと試みる。したがって、ミース・ファン・デル・ローエの建築産品は信念を導きだすと提議しようとか、逆に、彼の建築は本質的に解釈の答えを求めているのだと提議しようとしたなら、建築に対する知識、あるいはそれが実際どのように知覚されるか（ないし使われるか）が、このような分析比較からうまい具合に生じてくると思われる。

ミースの作品は、年代的にも地理的にも二つにきっちりと分けることができる。最初は、彼の生まれたドイツにおいて実現した作品群の半世紀であり、二番目はほぼアメリカ合衆国で過ごした三十年間である。ミースがそれまで自分の前途洋々たる研究の場であったドイツから亡命し、たどり着いたアメリカでのモダニズムは、建築の古典言語に共通していた歴史上因習的なデカルト式アプローチのライト以後のデフォルメからその力を引き出していた、ということから、ミースのアメリカでの建築産品は本質的に文化的置換をされたと論じるのも不合理ではない。彼の文化的置換の可能性について支持材料となる最近の提議が、ミースはバウハウス・ベルリンの校長としての任期の終わり近く、モダニズムの将来に悲観しており、それはオスヴァルト・シュペングラーの『西洋の没落』を読んでいたことも一因であった、ということである。[*1] 彼が母国を離れた二五年という歳月（特に戦時中に）によって、ドイツ建築家の戦後世代に影響を減じたのははっきりしている。例えば今日ベルリンで、ミースの威風堂々たる二〇世紀美術館、新国立ギャラリーは、建築アヴァンギャルドたちにほとんど論議を巻き起こしていない。一方、ドイツで彼の名声が作られていった、より重要な道筋は、彼の初期の歴史的な、モダニズム以前の産品（例えばペールス邸［図6・1］、クレラー＝ミュラー邸案等）と関係したものであって、言うまでもなくそれらはカール・フリードリヒ・シンケルがミースに及ぼした影響の表現以外の何物でもない。

　こうしたミースの初期作品は、建築インテリ層にはほとんど影響を及ぼしていない。彼らは、「新古典主義」を助長するようなものよりも、とりわけ「新合理主義」の、ポスト機能主義建築に興味を持っている。二〇世紀の新古典主義建築、例えばパウル・シュルツェ＝ナウムブルグやアルベルト・シュペーア（図6・2）、ハインリヒ・テッセノウ、パウル・ルートヴィッヒ・トゥロースト（図6・3）などの作品は、第三帝国の公共建築として彼らが携わったものであり、それらが第二次世界大戦後のドイツ建築家にもたらした嫌悪感は、古典建築言語に結びつくような建築イメージはいささかヒステリックな反応を巻き起こすというものであった（「ファシズム」という叫び声を聞かされるわけだ）。ミース・ファン・デル・ローエが知られているのは、大部分、彼の初期の古典作品によるものであることからすれば、今日のドイツで彼の声望が思ったよりも小さな影響しか及ぼしていないのも、あながち不思議ではない。

　一方で、第二次世界大戦後のアメリカ建築家へのミースの影響は、彼らの文化に対するのと

*1　この影響については、一九八三年にシカゴでそれぞれ独立して行われた、アーサー・ドレクスラーとピーター・アイゼンマンの講演での主題であった。

図6・1　ペールス邸、ベルリン・ツェーレンドルフ、一九一〇〜一一年

同様、よしんば彼の職業人生の後半三一年間に手掛けた建築産品の豊穣ぶり以外の理由を挙げなくても、未だ計り知れないほど大きい。ミースのアメリカでの弟子たちは、通じあう言葉を持てず結局見知らぬ土地の異邦人であったミース自身よりも当時の因習に固く根差していたし、さらに、ミースが自分は近代運動の根源的な力に携わっていると考えていたような、大きな時代の変動に道徳的に操られることは少なかったため、ミースの作品の「有用性」をはっきり主張して作品の意味を実用的なものにし、通釈する必要があると感じていた。しかしながら、ミース的テクストの意味は、彼の弟子たちがそのテクストに当てたような文化的実用的広がりとはほとんど関係ないという主張にも、やはり理にかなっているのだ。文化とか歴史、引喩といった、通常建築と結び付いたいかなる因習をも、ほとんど含んでいないがゆえに、ミースのテクストは本質的に無言でありアクセスしにくいものであるというのが真実なら、弟子たちによる「実用的」通釈は基本的に、その深い意味に対して本質的ではなくなるのだ。残された圧倒的なものからせきたてられるかのように示されるのは、通釈ではなく、信念が、弟子たちに知られているミース・ファン・デル・ローエの建築の中心的特質であったということ、また、信念という感覚が、ミース的テクストの真の、そして唯一の意味を確立する心構えから起因するすべてといった程度にまで、他のものを圧倒しているということである。

したがって、読解上の疑問は、与えられたテクストの真理のいかなる理解にも必須なのであり、ミース・ファン・デル・ローエのアメリカの弟子たちは師匠の哲学の、さらにその建築産品の「信念を持つ」よう訓練されていたと述べたくなる誘惑に駆られがちでもあるが、これについての真理は、その哲学への信念とか信任とかよりもむしろ、通釈の方が近しく結び付いているのではないかと思われる。確かに、もしミース・ファン・デル・ローエの建築テクストが因習的「読解」を越えたものなら、信念ではなく通釈こそ、そのテクストをアクセスできるも

図6・2　アルベルト・シュペーア、ツェッペリンフェルド、ニュルンベルグ、一九三五年

図6・3　パウル・ルートヴィッヒ・トゥロースト、ドイツ芸術館、ミュンヘン、一九三三年

のにするよう求められているということに疑いはないだろう。テクストの理解性、あるいは逆にテクストの不透明さという疑問は、文学主義と抽象性のどちらがそのテクストの意図を裏打ちする推進力であるかを識別することに焦点を置いており、なぜならこうした特性が、あるテクストがアクセス可能であるかどうかを確定するからである。

もし、文学主義がテクストを操るなら、その文化的関連が明白にならざるをえず、その結果その意味はうまく伝えられることになる。他方、もし抽象性があるテクストを構成する特性であったなら、そのテクストは文化的に理解できるようになるために解読されなければならず、さもなければアクセス不可能な定義のゆえ無言のままでいることになる。ミース・ファン・デル・ローエの場合、文化的感受性がこのアメリカ建築を創るにあたっての推進力ではなかったことは間違いなさそうだ。もしそうであったなら、三部構成とか神人同形論的連想、左右対称といった文化的に由来した形態の姿が彼の作品にも内在したであろう。彼の作品のほとんどが――アメリカの弟子たちにもたらした部分は確かに――本質的に難解な秘術のようであり、「構造」の透明性と思われるものの内に暗号化《コード》されているのである。しかしながらこの秘術信仰が、これから説明していくように、構成要素を形成するための基本的根拠ではない。

文学主義ではなく抽象が、ミース的テクストに魂を吹き込んだのであると仮定し、また、モダニズムそれ自体の妥当性に関する主張を検証するためにその抽象を、彼の弟子たちが解読したのは本質的に良いことだったと仮定することもできよう。さらに、ミースの哲学を、侍従や追従者たちの作り上げたものよりも広く大衆にアクセス可能なものにすることで、弟子たちは彼ら自身のミースのテクストの通釈をあまねく検証しようとしたのだ、と仮定することもできるだろう。こうした検証によって、彼ら自身の建築産品のために正系を確立し続けようと、ちょうど宗派が、神のような存在と触れた後、教祖に近いという美徳によって同じく神聖な立場であるという主張を重んじるようなものである。ミースの後裔にとって直面することが避けられなかった問題は、模倣という行為を通してその存在を検証しようとか正系という主張を重んじようとするいかなる集団ないし個人にとって直面するものと、まさに同じ問題である。彼らは必然的に自分らを不完全な状態に陥れてしまう。なぜなら、模倣とはその定義上、完全たりえないからである。

通釈は、その内に潜む動機は往々にして聖書解釈学的操作自体に価値を置くため、明らかにそれ自体とても危険なゲームである。もしも、ごく高潔な場合に、通釈者が無欲に、解読ないし静寂なるものを明解にすること以外の何物も望まずに解釈に従事するなら、このような操作には一組の価値しか選び出されない。しかしもしも一方で、通釈に携わる理由が、通釈者個人のそのテクスト理解から特に帰する行為群を検証することに基づいているなら、そのときには、その操作には全く違った価値が選び出されるであろう。

ミース・ファン・デル・ローエと彼のアメリカの弟子たちとの場合、師匠のテクストに関する解釈に帰する価値あるいは評価される判断の以前に、そのテクストの性質自体が定義されなければならない。ミース・ファン・デル・ローエの抽象建築テクストの中枢構成要素、すなわち尺度は、聖書を通して用いるものと全く同じである。聖書の編者は概して、他の描写方法としばしば切り離して、尺度のみを通して初めに存在する一般的物事や視覚的現象を描写するという仕事に努めているのである（例えばキュビト《訳注》だけが、エゼキエルのみた神の宮の予言の幻［エゼキエル書第四〇章〜四三章］と同じく、ソロモンの建てた宮［列王紀上第五章〜九章］を描写するのに、唯一、一貫して使われている要素である）。このように、ミース・ファン・デル・ローエの建築の底流をなす意味はおそらく思弁手段としての尺度の使用に関係していると思われ、一方でそれは聖書で記述されているような「存在」を固める神聖な方法としての尺

訳注　古代中近東の長さの単位。

度とは違っているようだ、と主張することも不合理ではないのだ。確かに、彼が哲学に魅せられていたこと、さらに神学へのそれは、良く記録されている。[*2] 例えば、聖アウグスティヌスと聖トマス・アクィナスの著述への関心は、哲学的態度を打ち出す助けになったと歴史家たちに解釈されている。しかし、それに加えて、同じ読書が、彼の建築テクストと聖書との関係を補強するような、神学的立場にも彼自身を連れて行く助けになったとも十分考えられるのである。

実のところ、ミース・ファン・デル・ローエはうまく神学的姿勢をとっていたと示唆することで、尺度と比率、すなわち数学という手段によって自分の製作品を意味ありげに際立たせることで作品に息吹を吹き込むことへのこだわりが、彼の作品の抽象的特質を理解することの中枢であると主張できるし、また、彼の数学的魅惑の源泉は神聖なる聖書のテクストに焦点があるとも主張できる。確かに、利用可能な神人同形論を利用した歴史上因習的な建築形態に対するミースのあからさまな嫌悪は、必ずしも彼が二〇世紀の大建築革命のど真中にいたから、ということばかりから芽生えたのではない。それにもかかわらずル・コルビュジエやグロピウス以上に、ミースの建築が重要なことにこの二人の同世代人のどちらの作品よりもさらに不明瞭に数学的（すなわち抽象的）であることから、ミースの建築テクストは、偶像を拝むこともその「存在」自体も禁じたモーセの十戒の第二戒というよく知られた制限に導かれていたと解釈することも可能である。ミース的抽象のこうした特別例を挙げることで（もっとたくさんあると思われようが）、ミースが不在させようと選んだものの力で現前させようと選んだものの領域のうちで（特に抽象に置き換えられた文学主義）、因習性の不在がミース的テクスト性のこれまで成熟した部分の中枢にあると、主張できるのである。

しかし、こうした哲学とか神学、文学主義と抽象といった問題が本当に、このミース的テク

*2 参照、Fritz Neumeyer, *Mies van der Rohe, Das kunstlose Wort, Gedanken zur Baukunst* (Berlin, 1986).

ストの通釈につながるものの中心なのだろうか。筆者自身は、テクストが通釈される方法にこうしたものは全く影響を与えていないのではないかと考えている。実際、あえて言うならミース・ファン・デル・ローエのアメリカの弟子たちがいそしんだ通釈の真の理由にはこのような気高い含蓄などなく、むしろ実のところ、彼ら自身の個人的な検証のために意図された、資本主義的性格を付与された現実的可能性へとオリジナルテクストを小細工できるような手法を実証したいという、弟子たちの渇望の延長でしかない。

しかしながらこのようなケースで、時が流れて行くにつれ、また新ミース的通釈につながっているという一貫した強迫観念について考え続けるにつれ、この、通釈に基づく模倣の建築産品の、連綿と続く意思を喪失した流れの原因が、純粋な建築学問よりも資本主義生産にその根があると信ぜずにはいられないのだ。ミース・ファン・デル・ローエの作品とか生涯、彼の教え子たちの作品について書かれた何十冊という本はミースの神話を洗い流さんと称しているのだが、ミース的テクストの根底たる固有の特性を、実質的に吟味しないまま、単に神話を増やしているだけである。しかし、侍従や追従者たちによって建てられた無数の作例が雄弁に、信じられるテクスト通釈に関して、いかに知性的道徳的面で破綻しているかを彼の弟子たちは物語ってくれる。

もしミース・ファン・デル・ローエのテクストが、建築的に固有の隠れた議題を表に出さないために暗号化《コード》されているのなら、彼のアメリカの弟子たちによって建てられた作品からそれを知ろうというのはなんとも不可能である。彼らの建築産品は圧倒的に模倣でしかなく、産品を物理的存在において第一に「有用」にするために必要な修正であれば、どんなものでも正当化することのみに限られた通釈感覚しか、そこにはない。ミースのテクストはそこに固有の性質を吟味するために脱構築されることはなかった。そのような解析はまず第一に、彼の弟子たちによる通釈の根拠に間違った印象を与えるからである。換言すれば、ミース・ファン・デル・ローエのテクストは、その有用性を産品の中心的要素にするためだけに引き出される源泉として、弟子たちに見られてきたと思われるのである。そうしながら彼らは、道徳性とか倫理性、神聖存在といった要素が、建築産品が言葉の最も実用的な感覚で有用と考えられないとか、その道徳、倫理、神聖存在が弟子たち自身の作品には全く不在であることによって、彼らには何も困惑しそうなものはないというような側面を、そうした要素が困ったことに見せてしまうのではないかと恐れたあげく、それらの痕跡を全くぬぐい去ったのだ。

さて、そうした魅惑の源泉から遠ざかってしまい、また物事の性質を理解しようとするのであろう聖書解釈的作業に従事する、そうした人々による通釈という無邪気な行為が、往々にして原典の作者には意図されていなかった認識に不注意ながらはまり込むこともありうるのは真実なのだ。さらに、本来の作者が考えていた意図の幾分ないしすべてから縁遠い文化的外的状況に影響を受けてテクストを認識している多くの人々によって、コンセンサスに到達するということもまた、可能なのだ。しかしながら、そうしたあてにならない観察の距離がなくなり(通釈者の無邪気さも共に)、その代わり通釈者が結果として模倣的に操られる作品を検証すべく原作者にできるだけ近づくよう自覚することにとって代わられたなら、そうした通釈の動機は原作者本来の意図と相入れなくなるかもしれないばかりか、猿真似したところで、自作の使い道が原作者の作品の底流たる中心的理由とは全く違っていると気づくであろうし、真正原典への近さによって検証される有用性自体が、そもそも通釈の背後たる原動力になりうるのである。

しかし真正さとは、たとえ末裔たちの作品に情報を吹き込んでいる特定の作者の状況、すなわちミース自身がまごうことなく真正であることは疑いようがなくとも、模倣的に操られるアメリカ建築におけるミースの末裔を堕落させる状況ではない。とどのつまりアメリカは現実的な土地であって、モラルという疑問にいつも囚われてはいない実用主義者が移民し住んでいるのだ。ミース・ファン・デル・ローエの建築の道徳とか倫理、神聖な要素は、模範となる素質のある、自分自身に洗礼を施す弟子たちが作品を見る方法とは、本質的に何のかかわりもないのである。

いつでも、ミース・ファン・デル・ローエの作品とは何ぞやとか、その弟子の作品とは何ぞやといったことをつきとめることは、何とかできる。検証を必要とされずに、原典は常に、そのプロポーションや割付け、ディテールの厳密さ――一言で言えば、その一貫性、すなわちその正確さ――といったものを勤勉に学び取られる。決して急ぐことなく、アメリカ製品の工業技術が彼の建築テクストという芸術あふるる器に乗せて翻訳される、真正な方法を担わんと集中的に働いた。ミース初期のヨーロッパでの、ポスト・ライト的、ネオ・デ・スティル的面構成という通釈の残光のみ捉えられがちながら、彼のアメリカでの産品は、言語という原則への回帰によって主に息吹を与えられている。確かに建築言語ではあるが、言語であることに代わりはない。この言語の普及者、彼の弟子たちは、ミース自身が明確に関心を寄せていたこの言語の本質を犠牲にするという対価を払って、全く通俗的に、ミースの作品をアクセス可能にした。ミースの作品に言語が存在したところに、彼の弟子たちの作品には言語は不在である、とまで言うこともできるだろう。ミースの抽象的テクストを文学化することで、彼の弟子たちは、テクストの原典本来の、おそらく唯一の意味をぬぐい去り、彼ら自身の便宜のために一般的な器へと貶め、その意図するところは少なくとも、検証しようというのではなく、自分たちの建築産品を合理化しようということであったのだ。

ここで、二、三の例を挙げよう。まず、デヴィッド・ハイドのトリステート有料道路オアシス（一九六五～六七年、図6・4）は、ミースのアメリカでの建築に明白なプロポーション体系を創るための「黄金比率」を使っていない（方立付きのガラスの下のスパンドレルを区分しているガゼットプレートには窓割りと一貫したプロポーションは認められないことに注意されたい）。さらに、柱によって二等分されるモデュールの数（五、一五、五）は、ミース個人の厳密に視覚的に決定するという美的伝統というよりも、むしろ両端に適当なカンチレバー（すなわち一、三、一というリズム）を創りだす広く知られた構造原理を確認している。

次に、ジョセフ・フジカワのイリノイ・センター（図6・5）は、高層棟の妻側を四つという偶数の柱間に割ることで、ミースもアメリカでの建築産品に順守していた、奇数柱間という古代ギリシア伝統（中心には柱よりも人間を置くということ）を使っていない。もちろん、柱間約三〇フィート（約九メートル）、全長一二〇フィート（約三六・五メートル）というこの四間のシステムは、商業的な、投機的高層オフィスには最高に合理的な寸法であることはよく知られているとおりだ。建築言語の展開というミースの関心を拡張しようとする何らかの努力ではなく、この現実性への強迫観念こそ、ミースの従者たちを踊らせているのである。

三つ目、ハンプロ・ライフ・センター（図6・6）でピーター・カーターは、ミースと同一視されてきたプロポーション体系と思われるものを全く廃しただけではなく、尺度における反復の価値を理解させるのに重要なH鋼の方立という、表面に活力を与えるモデュール割り部品をも取り払っている。しかもその上、面白いことに、カーターが窓の方立を構成するのに用いている尺度は柱のところに集まっており、その柱に隣接した窓パネルの大きさを変えている。ミースのモデュール割りが例えば部材の厚さといった寸法性や物理性について語っていたところを、カーターの場合、その反復性はただ無言である。

最後に、ダーク・ローハンのニューヨーク・コンベンションセンター案（図6・7）には、

図6・4　デヴィッド・ハイド事務所、アブラハム・リンカーン・オアシス、州立有料道路、イリノイ州サウス・ホランド、一九六五～六七年

ミース的コンセプトが模倣的に自己参照されている。望まれたがゆえに、かの輝かしいシカゴ・コンベンション・ホール案を他の敷地にしつこく繰り返すことで、シカゴの湖岸に想定されていたコンセプトがニューヨークのウエストサイドにも同じく有用であると示唆するよう、まるでローハンは前案を冗談にしている。皮肉にも、ローハンはこのような行為によって、ミースの「ガラスの箱」が結局のところ複写可能なのではないかという、長いこと掲げられていた有名な疑惑を確証したのである。

しかし、思想的な意義を大衆消費のためにアクセス可能にするために現実的な意味で有用にすることがアメリカ的方法ではないのだろうか。ミース・ファン・デル・ローエの弟子たちは、神話をぬぐい去り有用性に置き換えたことで、原典のコンセプトを伝えることに縛り付けられたさまざまな末裔たちに較べて、不道徳であるともないとも言いようがない。ミース・ファン・デル・ローエのアメリカでの建築産品が、アメリカの工業技術へのその関与によってそれ自体通俗化をそれとなく示唆している、という立場を取ることもできよう。悲劇なのは、宗匠の言語の独特な状況から選んだ一部だけをアクセス可能にすることでもなければ、近さによって自分たちの実存を検証するよう決め付けられた末裔の強迫的行動に暗に含まれる高い利息ですらなく、むしろ、ミース的テクストのある側面だけを通俗化しようとする動きの中で、そのテクストを意識的に見逃してきたことの内にある。そのテクストでやはり説明できないものはアメリカの実利主義という環境のなかでは特に重要ではないのかもしれないけれども、その受けがよくないために隠すという行為が、たとえ文化的に認識可能な通釈をしていても、手近な道徳信条を手当りしだい必要とするほど戒律に道徳性が欠如していることを示しているのだ。

しかし何も弟子たちによるミースのテクストの実用的通釈だけがそのテクストに本質的に埋め込まれていたより深い意味をつまらなくしているのではなく、ミースのクライアントも同様

に、皆同じく「有用性」に関心を置いていたのである。例えば建築界の中で良く知られているのは、ミースは自作のガラスの塔、レイク・ショア・ドライヴ八六〇－八八〇アパートメント（一八四八～五一年）の住戸内部をフリープランにしたかったのだが、この努力は施主のデベロッパー、ハーバート・グリーンウォールドにただ反対されただけで、彼はそうした意図をこのプロジェクトを「有用」（便利な部屋とか、普通のドア等々）にするために覆したのである。しかし、あまり知られていないかもしれないが、グリーンウォールドの後進たる会社、バーナード・ワイスバード率いるメトロポリタン・ストラクチャーズもまた、細い方立を組み込んで構造体を取り囲んだミース流架構の読解性を、バルコニーを取り付けることで覆している。このモントリオールのナンズ・アイランドのミース的高層ビルも、やはり有用性のためであった（一九六六～六九年、図6・8）。

それでも、この有用性のすべての示唆はミースのアメリカでの建築産品に含まれていなかったのだろうか。ミースの作品の実用的な拡張を認識していた弟子と施主の両例は一致するわけではないし、無実なのでもない。そうした彼らから読み取れるように、ミースの作品における深い意味の沈黙は、隠された意味への関心に限った知識階級と結び付いて、ミースの建築テクストの真の意味を彼自身がいつも隠していたというところへしか考えが至らないのである。弁証法的操作を訓練している、そしてそのために意味の創立を精密に調べるようなテクスト性を受けとめる対応が傑出しているヨーロッパの建築鑑定家とは違い、ミースのアメリカの弟子たちはそうした文化的能力を持っていなかった。ミースとそのテクストに対する彼らの知覚は明らかに、その教育の面でも天職的であり（建築の心構えが特にソクラテス的であったミースのIITでの采配をとがめることはできないだろう）、施主への仕事上の追従においても天職的であった（アメリカ資本主義に操られた施主たちは、建築思想なしで済ます説得方法を手にし

図6・5　ミース・ファン・デル・ローエ事務所、ジョセフ・フジカワ設計、イリノイ・センター、シカゴ、一九六七～七〇年

図6・6　ピーター・カーターとYRM、ハンブロ・ライフ・センター（現ダンバー連合センター）、英国スウィンドン、一九七七～八〇年

NEW YORK CONVENTION AND EXHIBITION CENTER

ていて、有用性すなわち機能的な特性と置き換えてしまうのだ）。

二〇世紀の最も影響力ある建築家としてのミース・ファン・デル・ローエの模範的地位が、彼の施主たちと、彼の弟子たちの能力に、彼の建築哲学を広めたということで、直接つながっていることは疑いようもない。もし彼らがそうしなかったなら、ミースの建築のより深遠難解な面も理解可能にはならなかったであろう。この事実にもかかわらず、決定的なのは、画期的な運動を可能にしたことによってミースのテクスト固有の建築的性質には価値があるために、また表現言語が良く知られるようになったのは思考を重ねたことではなくむしろ検証を積み重ねたことの賜物であるために、ミースのテクストのすべてが明確にされていることである。未来へとつながる可能性なくば、そこに引き出されてくるのは過去の思い出だけである。後知恵だけに頼っていては、失望へとつながり、無邪気さが減って行く。なぜなら建築に生来の楽天主義を構成する特性は無邪気であるし、将来のどんな吟味にも明白な希望に必須なのが無邪気であるからだ。結局のところ、ミース・ファン・デル・ローエは彼の作品という器を通して自分の時代を描いただけではなく、同時にその同じ作品を、たとえ建築言語を拡張するために用いたとしても、彼のアメリカでの建築産品が本質的に楽天的であると思わせながら、未来について考察するために使いもしたのである。

図6・7　フジカワ・コンテラート・ローハン事務所、ダーク・ローハン設計、ニューヨーク・コンベンション・センター案。ミースの一九五三年のシカゴ・コンベンション・センター案をニューヨークのハドソン川岸に適応した計画

図6・8　ナンズ・アパートメント、モントリオール、一九六六〜六九年

付録——アメリカン・モダニスト列伝

以下の、ミース・ファン・デル・ローエの門弟たちと仲間の小伝はベティ・ブルム、ヴィクトリア・ロートマン、ポーリン・サリガおよびジョン・ツコウスキーによって書かれた。＊印は、シカゴ・アート・インスティテュート建築部門による『シカゴの建築家は語る——一九二〇〜一九七〇年』プロジェクトに含まれる口述であることを意味する。

図a・1　左から右へ、エドワード・デュケット、アルフレッド・コールドウェル、ヴァルター・ペーテルハンス、ミース・ファン・デル・ローエ、ルードヴィッヒ・ヒルベルザイマー、ダニエル・ブレンナー、A・ジェームズ・シュペーヤー、アール・ブルースティン、ジャック・ブラウンソン、ジェームズ・ホフゲザング

アルフレッド・アルシュラー（Alfred S. Alschuler, 1876–1940）

　アルフレッド・アルシュラーは学士号に続いて、一八九九年に修士号を得た。彼が最も良く知られているのは、一九一〇年代二〇年代の工業建築、例えばイルグ・インダストリー（一九一九年）によってである。彼の代表作は、一九二三年に建てられた、ノース・ミシガン・アヴェニュー三六〇の古典的オフィスビル、旧ロンドン保証会社ビル（現ストーン・コンテナー・ビル）である。アーマー工科大学の理事として、ヘリック・ハモンド、ジェロルド・レベル、アルフレッド・ショウと共にジョン・ホラバードを長とする委員会の一員として、デヴィッド・アドラーのアドバイスによりミースをアーマーの建築学部主任として選出した。死の前年アルシュラーはIITキャンパスの自案を準備していた（図a・2）。この石灰岩で覆った建物からは、彼のモダニズム観がミースよりも保守的だったことを示している。アルシュラーの後を継いだ事務所、フリードマン・アルシュラー・アンド・シンシアは、ミー

スの協力事務所として、IIT化学棟（ウィッシュニック・ホール、一九四六年、図a・3）やレイク・ショア・ドライヴ九〇〇－九一〇（一九五三～五六年）、コモンウエルス・プロムナード・アパートメント（一九五三～五六年）に従事した。

ダニエル・ブレンナー（Daniel Brenner, 1917-1977）

ダニエル・ブレンナーは、IITで一九四九年に建築学の修士号を得た。学生のとき、ジェームズ・シュペーヤーとジェームズ・プレスティーニと共に、近代美術館の設計競技でファイバーグラスの椅子を設計した（図a・4）。一九五〇年代末までミース・ファン・デル・ローエの下で働いたのち、ドロシー・タークと共同で実務を始めた。そのときから彼は歴史的建築物に関心を集中するようになり、その興味は、シカゴ・アート・インスティテュートにおける一九五七年の展示、『ルイス・サリヴァンと自由企業主義建築』へと結実する。一九六一年から死ぬまでの間、ブレンナーはブレンナー・ダンフォース・ロックウェル社のパートナーであった。そして彼らと共同した作品としては、グラハム財団本部のためのシカゴの記念建造物マドレナー邸再生（一九六三年）、アドラーとサリヴァンによるシカゴ証

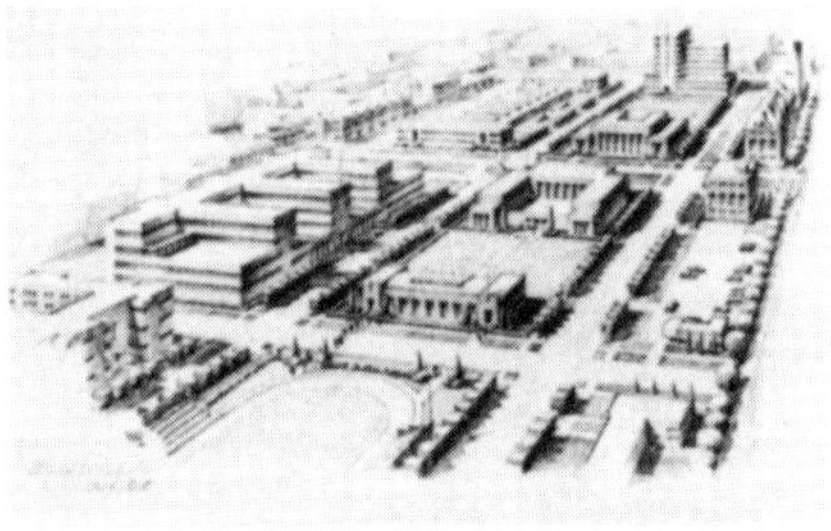

図a・2　アルフレッド・アルシュラー、IITキャンパス案、透視図、一九四〇年

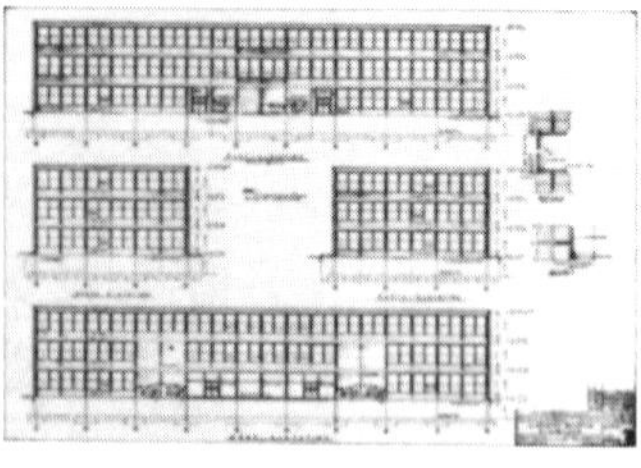

図a・3　ミース、協力事務所フリードマン・アルシュラー・アンド・シンシア事務所、IIT化学棟、立面図、一九四六年

図a・4　A・ジェームズ・シュペーヤーとダニエル・ブレンナー、ジェームズ・プレスティーニ、ファイバーグラス椅子、近代美術館のコンペ、一九四七～四八年

券取引所の、撤去に先立つロビー改築（一九六五年）が含まれる。彼の最後の作品としては、ウイスコンシン州エリソン・ベイの彼の農場への、ミース流のゲストハウスと住宅（一九七四年、図a・5〜7）などがある。

ジャック・ブラウンソン（Jacques C. Brownson, 1923-）

ジャック・ブラウンソンは、一九四〇年代初期にIITの学生であったが、学位を得たのは第二次世界大戦から戻ってからで、一九四八年に建築学士号、一九五四年に修士号を与えられた。一九五七年にブラウンソンは、IITのルートヴィッヒ・ヒルベルザイマーとアルフレッド・コールドウェル、アール・ブルースティン、レジナルド・マルコムソンと共に、サウスサイド計画委員会の後援による、シカゴのサウスサイド計画を準備した。さらに彼は師匠のテーマを実際に建設した数少ないIITの学生の一人である。そのイリノイ州ジェニーヴァに建てた「鉄とガラスの家」（図a・8、9）の平面はプラノに建つミースのファーンズワース邸（一九四六〜五一年）につながるものだが、その屋根は鉄の骨組から吊り下げられており、ミースの初期の研究、五〇×五〇住宅案（一九五〇〜五一年）やIITの

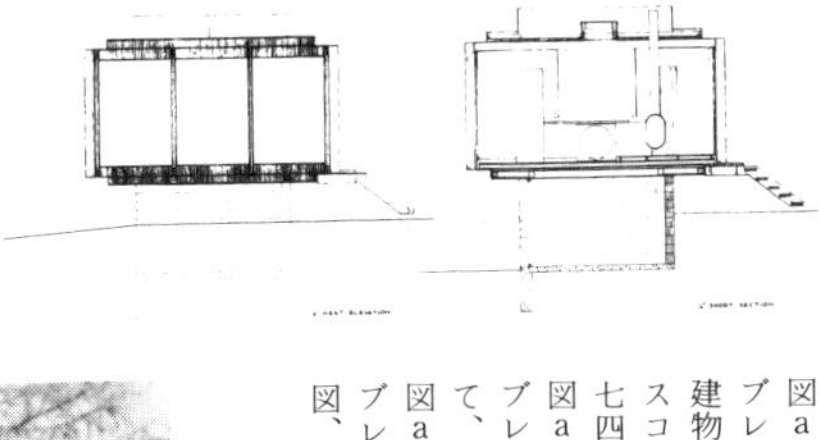

図a・5　ダニエル・ブレンナー、ブレンナー家ゲストハウス、塔状の建物が母屋でその裏庭に建つ。ウイスコンシン州エリソン・ベイ、一九七四年

図a・6　ダニエル・ブレンナー、ブレンナー家ゲストハウスの玄関にて、一九七五年

図a・7　ダニエル・ブレンナー、ブレンナー家ゲストハウス、立面図、断面図、一九七四年頃

図a・8　ジャック・ブラウンソン、建設中の「鉄とガラスの家」、イリノイ州ジェニーヴァ、一九五二年

クラウン・ホール（一九五〇～五六年）といったものに良く似ている。しかしブラウンソンの最も有名な建物は、C・F・マーフィー・アソシエーツとスーパーヴァイジング・アーキテクツ、レーベル・シュロスマン・アンド・ベネット、それにSOMとJVを組んだ一九六五年のシカゴ・シヴィック・センター（現リチャード・J・ダリィ・センター、図a・10～11）である。現在ブラウンソンはデンバーで活躍中である。

図a・9　「鉄とガラスの家」、一九五二～五四年

ヴェルナー・ブッフ（Werner Buch, 1917- ）＊

ヴェルナー・ブッフは一九三六年から三八年までベルリンの工科大学に通った後渡米し、一九三九年にミース・ファン・デル・ローエに会った。一九四〇年から四一年まで、当時シカゴ・アート・インスティテュート内に所在していた、アーマー工科大学（後のIIT）においてミースから学んだ。このときブッフは、「機能主義とは何か」と尋ねた学生にミースが、「汚れを一掃するのが機能主義である」と戒めるのを耳にしている。ドイツ領事館で旅券を延長できなかったため、ブッフは一九四一年に東京とモスクワを経てベルリンへ帰った。このときルートヴィッヒ・ヒルベルザイマーから、吉田鉄郎とエル・リシツキーに紹介されている。ブッフの持ち帰ったミースの作品の写真は、彼のベルリン時代の教授、ハインリヒ・テッセノウの興味をいたくそそり、また、ミースの同僚であり友人でもあったリリー・ライヒにミースのアメリカでの最新の情報をもたらした。戦中を通じ一九四七年の彼女の死まで、ブッフは彼女と交友を続けた。ナチス・ドイツによる、ミース流モダニズムに対する公的非難にもかかわらず、ミースの下でのブッフの鍛錬に感銘を受けたオーストリアの建築家ロイス・ヴェルツェンバッヒャーはブッフを雇い、一九四一年から四三年にブ

図a・10　C・F・マーフィー・アソシエーツ、ジャック・ブラウンソン、シカゴ・シヴィック・センター（現リチャード・J・ダリィ・センター）、一九六五年

図a・11　シカゴ・シヴィック・センターのプラザ案

ッフが徴兵されるまで飛行機工場の仕事を行った。戦後、ブッフは英語が流暢であったため、アメリカ当局によるドイツ語ラジオニュースの仕事に従事した。同時に、彼は主にエルンスト・ノイフェルトの下で建築の勉強を続け、一九五二年にダルムシュタット工科大学を卒業した。一九六一年には同大学から博士号を受け、現在名誉教授である。一九五五年以降、教鞭を執るかたわら、現在住んでいるダルムシュタットで建築実務についている。

アルフレッド・コールドウェル（Alfred Caldwell, 1903- ）＊

アルフレッド・コールドウェルは一九二六年から一九三一年まで、ランドスケープ・アーキテクトのイェン・イェンセンの助手を務め、一九三〇年代初期には自身でランドスケープ・アーキテクチュアを実現するようになり、三〇年代半ばから末期にはシカゴやアイオワ州ダビュークの地域公園を手掛けた。第二次世界大戦の間は陸軍省の土木技師となり、そして一九四四年にIITへ来て、ミース・ファン・デル・ローエとルートヴィッヒ・ヒルベルザイマーに学んだ。一九四八年にIITから修士号を受けた後、教師として留まり、またランドスケープ・アーキテクトとしてミースやヒルベルザイマーと共に仕事をし、IITキャンパスやデトロイトのラファイエット・パーク（一九五五〜五六年）といった種々のプロジェクトのコンサルタントを務めた。彼は南カリフォルニア大学ヴァージニア工科大学でも教え（一九六五〜七三年）、シカゴ都市計画委員も務めた（一九六〇〜六四年）。一九七三年以降、彼はウイスコンシン州ブリストルで自分の事務所を構えている。

ピーター・カーター（Peter Carter, 1927- ）

ピーター・カーターは、ロンドンで生まれ、ロンドンのノーザン工科大学で建築の学位を得た。彼はロンドンで、マックスウェル・フライとジェーン・ドリューのオフィスや、ロンドン市建築局住宅部、そしてミシガン州ブルームフィールド・ヒルでイーロ・サーリネンの下で働いた。彼は一九五八年にIITにおいてミース・ファン・デル・ローエの下で修士号を受けた。そしてミースのオフィスに加わり、チーフ格として、トロント・ドミニオン・センター（一九六三〜六九年）とロンドンのマンション・ハウス街区プロジェクト（一九六七年、図a・12）の主任となった。一九七〇年代初頭にカナダで働いた後、一九七五年にロンドンにもどり、以前ミースのオフィスでの同僚であったデニス・マンニー

図a・12　ミース事務所、主任建築家ピーター・カーター、マンション・ハウス街区プロジェクト、一九六七年

ナと共にオフィスを構えて一人立ちした。ピーター・カーターの事務所はＹＲＭと協同で、英国スウィンドンのハンブロ・ライフ・センター（一九七七～八〇年、現アライド・ダンバー・センター、図a・13、14）を設計した。他にも、ハンブロ・ライフの建物や、ダブリン大学校舎等を作ると共に、テレビやラジオの番組にも力を貸し、また、一九七四年の『ミース・ファン・デル・ローエの作品』を含むさまざまな書籍、記事を発表している。

ジョージ・エドソン・ダンフォース（George Edson Danforth, 1916- ）＊

ミースがアーマー工科大学建築学科主任に就任した一九三八年、ダンフォースはそのアーマー（一九四〇年からＩＩＴ）で建築を二年間勉強していたところだった。一九三九年、学部生のときに彼はミースの最初のドラフトマンになって、ミースにとって最初の大きなアメリカでの作品、ＩＩＴの新キャンパスの初期計画案や校舎のいくつかのために働いた。一九四〇年にはミースの下で建築学士号を取得、その後三年間、大学院で研究し、ＩＩＴの建築クラスを教えた（図a・15）。二年間の兵役の後、一九四六年にＩＩＴにもどって教鞭をとった。一九五三年、ダンフォースはクリーブランドのケース・

図a・13　ピーター・カーター、ＹＲＭ、ハンブロ・ライフ・センター（現アライド・ダンバー・センター）、英国スウィンドン、一九七七～八〇年

図a・14　ハンブロ・ライフ・センターの立面スタディ

図a・15　左から右へ、A・ジェームズ・シュペーヤー、ミース、ジョージ・ダンフォース。四年生のスタジオ講評

ウエスタン・リザーブ大学に新しく建築学科を創設するために雇われ、このことによって教育者としてのミースとヒルベルザイマーの影響を他の建築学校にもたらすことができたのである。一九五八年にミースがIITから引退し、レジナルド・マルコムソンが一年間代理を務めたあと、一九五九年にダンフォースがこの学校に呼びもどされて建築学科を率いた。一九六一年、ダニエル・ブレンナーとH・P・デヴィス・ロックウェルの建築パートナーに加わった。これは一九七九年にダンフォース・ロックウェル・キャロー事務所に引き継がれている。ダンフォースは一九八一年にIITの建築学部長を退職した。

エドワード・オースティン・デュケット（Edward Austin Duckett, 1920-）

西ケンタッキー州立教員大学を出て、軍務についた後、一九四四年、エドワード・デュケットはIITへ学部生として入りミースの下に学んだ。彼は一九四五年からIITの建築クラスで教えるとともに、ミースのオフィスにおいて働いた。デュケットはドラフトマンとして、またチーフ格として、ミースの家具の再計画を導き、また、一九四〇年代中頃から一九六六年までのミースのプロジェクトについて、IITキャンパス、ファーンズワース邸（一九四六～五一年）、プロモントリィ・アパートメント（一九四六～四九年）、レイク・ショア・ドライヴ八六〇－八八〇（一九四八～五一年）、ニューヨークのシーグラム・ビル（一九五四～五八年）を含んで、事実上すべての、スタディモデルやプレゼンテーションの製作を監督した（図a・16、17）。ミースがシーグラム・ビルを受注したときには、デュケットがミースのニューヨーク事務所を開いた。デュケットがミースのオフィスに働いたのは、一九六六年にミースの健康が衰え、設計プロジェクトへの影響力が減じるまでである。デュケットはシカゴで最

図a・16　プロモントリィ・アパートメント、シカゴ、一九四六～四九年、模型

図a・17　ケイン邸案、イリノイ州ウィトネティカ、一九五〇年、模型

大の建築設計事務所、スキッドモア・オウイングス&メリルに他のミース派建築家と共に移り、主席建築家に就き、一九八四年に引退した。現在彼は、妻ブランシェと共にケンタッキー州ボーリング・グリーンに住んでいる。

ジョセフ・フジカワ（Joseph Fujikawa, 1922- ）

ジョセフ・フジカワは、一九四〇年に南カリフォルニア大学で建築の勉強に手を染め、IITのミース・ファン・デル・ローエの下で建築学を修了するため、一九四三年にシカゴへ来た。ミースの最初のドラフトマン、ジョージ・ダンフォースが軍に入った一九四四年に、フジカワはミースのオフィスに加わり（図a・18）、最後まで事務所に勤めることになった。フジカワはIITキャンパスに建てられた教育棟、研究棟、居住棟のうち一三棟の計画と設計に携わっている。また、ミースが初めて実現した高層建築、プロモントリィ・アパートメント（一九四六～四九年）やこの後のシカゴのアパートメント建築に参加し、後のレイク・ショア・ドライヴ八六〇－八八〇（一九四八～五一年）やレイク・ショア・ドライヴ九〇〇－九一〇（一九五三～五六年）へと続いていく。イリノイ州エルムハーストのマコーミック邸（一九五一～五二年、図a・19）でフジカワは主任建築家の役を果たした。また彼はこの期間に着手された、不動産業界による都市再開発プロジェクトのすべてにも参加している。例えば、デトロイトのラファイエット・パーク（一九五五～六三年）や、ニュージャージー州ニューアークのコロネード・アパートメントとパヴィリオン・アパートメント（一九五八～六三年）、バルティモアのワン・チャールズ・センター（一九六〇～六三年）とハイフィールド・アパートメント（一九六二～六五年）、モントリオールのウエストモント・スクエア（一九六四～六八年）とナンズ・アイランド高層アパート（一九六六～六九年）等や、一九六七年に着工された、シカゴのイリノイ・センターの全体計画と最初のオフィス棟がある（図a・20、21）。一九六九年、ミースが死ぬ前に、フジカワはミース・ファン・デル・ローエ事務所のパートナーの一人になり、一九七五年にはフジカワ・コンテラート・ローハン事務所と改名した彼ら後継者たちの会社の筆頭となった。一九八二年にフジカワは、それまで長い間同僚であったジェラルド・L・ジョンソンと共に自分の会社を独立させた。

チャールズ・ブーハー・ゲンター（Charles Booher Genther, 1907- ）

図a・18　ジョセフ・フジカワ、一九五〇年頃

図a・19　ミース事務所、主任建築家ジョセフ・フジカワ、マコーミック邸、イリノイ州エルムハースト、一九五一～五二年

オクラホマ大学で建築工学を勉強していたとき、バートランド・ゴールドバーグがプレファブ住宅について語るのを聴き、ミース・ファン・デル・ローエのバルセロナ・パビリオンの写真を見たことの影響が、チャールズ・ゲンターが近代建築運動に参加し、アーマー工科大学(後のIIT)のミースの下で研究することへとつながった。一九三九年から一九四三年までミースの指導による大学院での研究から、最小限建設技術に対する彼の長年の関心は強められた。一九四二〜四三年、スキッドモア・オウイングス&メリルで働き、一九四五年にホラバード・ルートで働いた後、ゲンターは一九四六年ペース・アソシエーツを組織し、続く十年間、ミースと協力した。その間、IITのクラウン・ホール(一九五〇〜五六年)、プロモントリィ・アパートメント(一九四六〜四九年)、アルゴンクィン・アパートメント計画(一九四八〜五一年)そしてレイク・ショア・ドライヴ八六〇ー八八〇(一九四八〜五一年)といったミースの最も有名で革新的な作品のいくつかがシカゴに建てられた(図a・22)。ゲンターはこれらの作品の施工図や機械関係、中空壁に力を発揮し、またプロモントリィ・アパートメントでは工事監理も行った。あまり知られていないが、彼はクラウン・ホールの設計報酬を建設のために寄付して

図a・20　ミース事務所、主任建築家ジョセフ・フジカワ、イリノイ・センター、シカゴ、一九六七年着工

図a・21　イリノイ・センター、透視図

図a・22　左から右へ、ミース、チャールズ・ゲンター、建設業者。建設中のレイク・ショア・ドライヴ八六〇ー八八〇

いる。ミースと一緒に実務を積んだ影響が彼の経歴に続いていることは、イリノイ州の有料道路レストランやミネソタやミシガンにゲンターが計画建設したいくつかの街区といった、ミースとの協力に続く年々のペース・アソシエーツの作品に明白である。一九六六年からゲンターはシカゴのイリノイ大学で建築を教えることに専念し、一九八一年退職した。

マイロン・ゴールドスミス（Myron Goldsmith, 1918- ）*

マイロン・ゴールドスミスの、建築家および構造技術者という二重の役割は、彼の経歴の初期に組み合わされた。彼は一九三五年から一九四〇年までアーマー工科大学（後のＩＩＴ）で教育を受け、一九四一年プレーリー派建築家ウィリアム・Ｆ・デクネィテルの事務所で働き、そして一九四二年から一九四四年まで陸軍工兵隊および海軍工廠で構造技術者として働いた。これらの経験が、ゴールドスミスの建築の構造的・合理的アプローチへの強い傾倒の背景となっている。工兵隊での技術者経験の後、一九四六年に彼はミースのオフィスに加わり、七年間働いた（図ａ・23）。この間にゴールドスミスは修士論文『高層建築――スケールによる効果』（図ａ・24）をまとめ、修士号を得た。彼はまたＩＩＴキャンパスの重要なビルにも取り組み、一九五〇～五一年にはファーンズワース邸の建設を監理した。一九五三年ゴールドスミスは、シカゴからローマへ行き、ピエール・ルイジ・ネルヴィの下で橋梁と建築物建設における鉄筋コンクリートの可能性を探究した。一九五五年アメリカ合衆国へもどって、スキッドモア・オウイングス&メリルのサンフランシスコ事務所に主任構造技術者として加わった。一九五八年にシカゴ事務所に移ったとき、彼は構造部門から建築部門へ異動した。彼は一九六七年にパートナーに就き、一九八三年に退職した。スキッドモア・オウイングス&メリルにおける彼は、建物への合理的アプローチの首唱者として知られ、また会社の有能な人材の一人と見なされていた。ゴールドスミスが賞を獲た作品には以下のようなものがある。シカゴのブランスウィック社ビル（一九六六年）、アリゾナ州キット・ピークの太陽観測望遠鏡（一九六二年）、カリフォルニア州オークランドのオークランド・アルメダ地区体育館（一九六六年）、インディアナ州コロンバスのリパブリック新聞社工場（一九七一年、図ａ・25）、イリノイ州エルク・グローヴのユナイテッド・エアライン社ビル（一九六二年）。ゴールドスミスは一九六〇年以来ＩＩＴの教授であって、主に、大規模プロジェクトについて大学院生

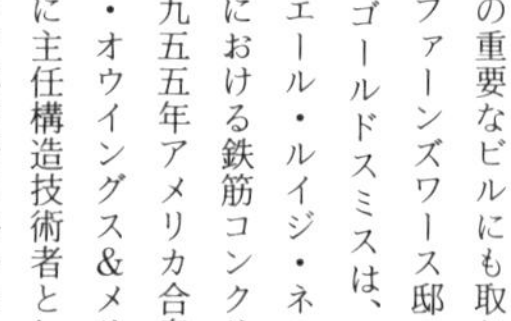

図ａ・23　左から右へ、ルートヴィッヒ・ヒルベルザイマー、ミース、マイロン・ゴールドスミス。ミース事務所にて、模型はマンハイム劇場、一九五三年頃

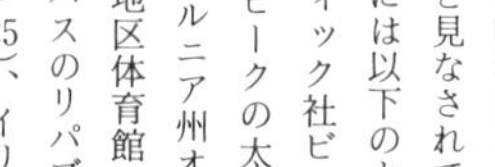

図ａ・24　マイロン・ゴールドスミス、『高層建築――スケールによる効果』の透視図、ＩＩＴ修士論文、一九五二年

にアドバイスしており、また客員教授として、ハーヴァード大学のデザインの大学院（一九八二～八三年）、中国の華中科学技術大学（一九八五年）にも赴いた。彼は現在でも教えており、そして自分の建築と思想についての本に取り組んでいる。

デヴィッド・ハイド（David Haid, 1928- ）

デヴィッド・ハイドは、IITのミース・ファン・デル・ローエの下で学ぶために生まれ故郷のカナダを離れ、そして一九五三年に建築学の修士号を受けた。大学院に入った直後にミースの事務所の一員となり、九年間在籍した。彼はこの期間にミースの著名なプロジェクトの数々に寄与し、また、一九五〇年から五六年までのIIT校舎群や、シカゴのコンベンション・ホール案（一九五三～五四年）、ヒューストン美術館（一九五四～五八年、図a・26～28）でチーフの役目を果たした。ミースの下にいた間にハイドが従事した他のプロジェクトとしては、西ドイツのマンハイム国立劇場案（一九五二～五三年）とニューヨークのシーグラム・ビル（一九五四～五八年）等がある。彼は一九六〇年にヒューストンへ移り、コーウェル＝ノイハウス事務所とパートナーシップを結び、テキサス州マックアレンのマックアレン州立銀行（一九六一年）や、ミッドランドのテキサス・ガルフ石油ビル（一九六二年）といった建物で賞を獲得した。一九六三年にシカゴへもどって、ハイドは自分の事務所を構えた。彼の作品としては、イリノイ州フィートトンのプレイストフィルム産業工場（一九六四年）、イリノイ州サウス・ホランドのアブラハム・リンカーン・オアシス（一九六五～六七年、図a・29）イリノイ州ハイラ

図a・25　マイロン・ゴールドスミス、リパブリック新聞社工場、インディアナ州コロンバス、一九七一年

図a・26　ミースとデヴィッド・ハイド、カリナン・ホール開館式にて、一九五八年一〇月

図a・27　ミース事務所、主任建築家デヴィッド・ハイド、ヒューストン美術館カリナン・ホール、テキサス、一九五四～五八年

ンド・パークのローズ・レジデンス・パビリオン（図a・30、31）等がある。現在、ハイドは一九六八年に自作し賞を得た、イリノイ州エヴァンストンの邸宅に住んでいる。

ルートヴィッヒ・ヒルベルザイマー（Ludwig Karl Hilberseimer, 1885-1967）

ルートヴィッヒ・ヒルベルザイマーはドイツのカールスルーエの工科大学で建築を学び、そして第一次世界大戦後の革命的なノヴェムバグルッペ等のベルリンの運動と共に活動した。一九二〇年代、彼は芸術と建築の評論家、展覧会デザイナーとして多産であり、また『大都市建築（*Grossstadtarchitektur*）』や『国際新建築（*Internationale Neue Baukunst*）』（共に一九二七年）といった重要な書も著した。一九二七年、ミース・ファン・デル・ローエがコーディネイトしたシュトゥットガルトのヴァイセンホーフジードルングに住宅を建て、一九二八年にはバウハウスの住宅と都市計画の教授に就任した。彼は一九三八年にナチのドイツを避け、ミース・ファン・デル・ローエと共にシカゴのアーマー工科大学（後のIIT、図a・32）で教えるために渡米した。教えるかたわら、『新しい都市（*The New City*）』（一九四四年）、『新しい地域設計

図a・28　ミース事務所、主任建築家デヴィッド・ハイド、ヒューストン美術館彫刻庭園案、一九五八年、コラージュ

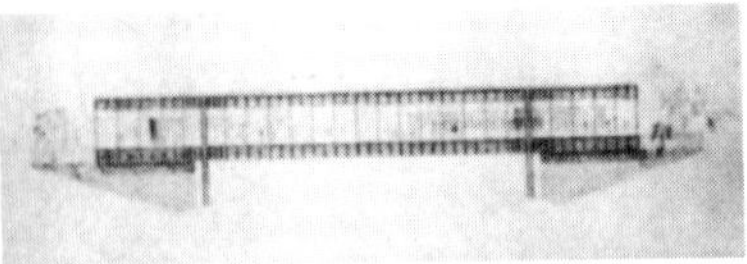

図a・29　デヴィッド・ハイド、アブラハム・リンカーン・オアシス、州立有料道路。イリノイ州サウス・ホランド、一九六五年、立面スタディ

図a・30　デヴィッド・ハイド、ローズ・レジデンス・パビリオン、イリノイ州ハイランド・パーク、一九七四年

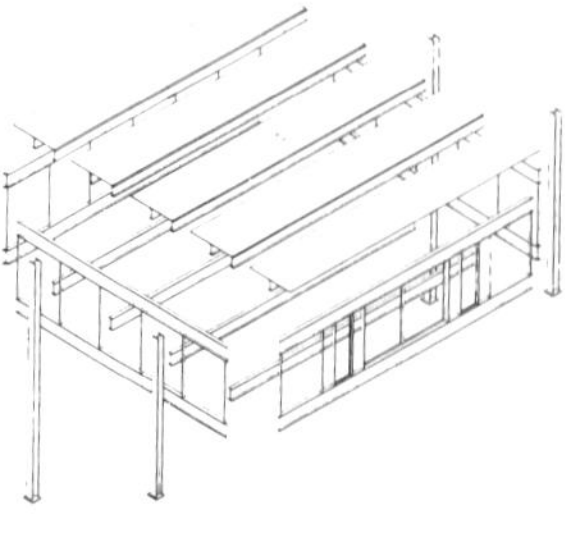

図a・31　ローズ・レジデンス・パビリオン、既成プレファブ鉄骨部材概念図

(*The New Regional Pattern*)』(一九四九年)、『都市の本質 (*The Nature of Cities*)』(一九五五年)、『計画思想の展開 (*Entfaltung einer Planungs-idee*)』(一九六三年)、『現代建築の源流と動向 (*Contemporary Architecture : Its Roots and Trends*)』(一九六四年、邦訳鹿島出版会) といった労作を出版した。ヒルベルザイマーはまた、一九五六年にミース・ファン・デル・ローエの伝記を表し、そして一九五五年にはデトロイトのラファイエット・パークの住宅の計画を協力した。

ダーク・ローハン (Dirk Lohan, 1938-)

ダーク・ローハンは、一九五七年からIITにおいて祖父ミース・ファン・デル・ローエの下で建築を学び始めた後、一九六二年にミュンヘンの工科大学を卒業した。卒業後すぐにミュンヘンからシカゴへもどり、ミースのオフィスに入り、ピッツバーグのデュクスネ大学科学センター(一九六二年)やシカゴの社会福祉管理ビル(一九六四年)の設計を手伝い、そしてベルリンの新国立ギャラリー(一九六二~六七年、図a・33)と実現しなかったロンドンのマンション・ハウス街区計画(一九六七年)等の主任を果たした。ミースの死後、一九七五年までの六年間、ミース・ファン・デル・ローエ事務所はブルーノ・コンテラートとジョセフ・フジカワ、ローハンの監督の下に操業し続けた。その後、三人のパートナーたちは、フジカワ・コンテラート・ローハン事務所を作り、フジカワが抜けた一九八二年まで続いた。一九七七年ニューヨーク市が時の市長アブラハム・ベーメの下、マンハッタンのウエストサイドのある敷地にミースの一九五三~五四年のシカゴ・コンベンションホール案を適応させてくれとローハンに頼んだ(図6・7参照、ベーメが選挙で再選を阻まれたために、このプロジェクトのためにミースのデザインを使おうという計画自体も潰れてしまった)。ローハンの設計した作品としては、一九八三年に始められたイリノイ州オーク・ブルックのマクドナルド社本部、オハイオ州リンドハーストの

図a・32 学生を指導するルートヴィッヒ・ヒルベルザイマー、IIT、一九五三年頃

図a・33 左から右へ、ドイツ連邦美術館長シュテファン・ヴェツォルト、ミース、ダーク・ローハン、ベルリンにて、一九六七年

図a・34 ダーク・ローハン、TRW本社、オハイオ州リンドハースト、一九八二~八五年

TRW本社（一九八二〜八五年、図a・34）といった、どちらもそれほどミース的性格ではないものもある。一九八六年、ダーク・ローハンはシカゴとダラスにオフィスを構える彼の会社をローハン・アソシエーツと改名した。

レジナルド・フランシス・マルコムソン（Reginald Francis Malcolmson, 1912-）＊

レジナルド・マルコムソンはダブリンで生まれ教育を受け、一九三〇年代にアイルランドのベルファストで建築を始めた。一四年ほど伝統的な流れの建築に携わった後、シュトゥットガルトのヴァイセンホーフジードルングの写真や、エリッヒ・メンデルゾーンやヴァルター・グロピウスの作品集の刊行、そして特にミース・ファン・デル・ローエのクリスタルで明確なＩＩＴ鉱物金属棟（一九四二〜四三年）に深い感銘を受け、マルコムソンは一九四七年に軌道に乗っていた自分の事務所を畳み、ミースの下へ学びにきた。一九四九年に修士号を得た後、マルコムソンはミースやヒルベルザイマー、コンラード・ワックスマンと共同で設計に取り組んだ。マルコムソンは、建築の教育者としての貢献が最も大きい。一九四九年から一九六四年までＩＩＴの建築都市計画学部の一員として、一九五三年から五八年まではミースの管理助手、一九五八〜五九年には学部長代理を務めた。その後、一九六九年から七四年まではミシガン大学建築デザイン学部長、七四年から八四年まで教授を務めた。同じく重要なのは、幻想的建築への傾倒であり、この興味は幼いときから、航空とか構造のプロジェクトに終わることなく魅了されたのである。彼の幻想的プロジェクト、『都市ー線／地域的大都市』（図a・35、36）や「自然科学博物館」、「スポーツと文化のホール」（図a・37）などは建てられていないが、マルコムソンによれば、すべて実現される可能性を持っている。彼は自分のプロジェクトをミースの一九二一〜二二年のガラスのスカイスクレーパー案やレイク・ショア・ドライヴ八六〇ー八八〇（一九四八〜五一年）と比較し、そうしたかつてのデザインを参考にしている。

リリー・ライヒ（Lilly Reich, 1885-1947）

リリー・ライヒは、一九〇二年にウィーン工房でヨーゼフ・ホフマンに学んだ。彼女についてもっともよく記されているのはドイツ工作連盟でのインテリア・デザインであり、これは一九二一年にその役に任じられ、一九二四年から一九二七年までの一連の展覧会を手掛けている。ライヒは個人的にも職業的にもミース・ファン・デル・ローエと関係してい

図a・35　レジナルド・マルコムソン、『都市ー線／地域的大都市』の模型のディテールについて学生と論じているところ。クラウン・ホール竣工直後、一九六〇年頃

図a・36　『都市ー線／地域的大都市』透視図

た。彼女は、ミースと近しく職業的関係を培った唯一の女性であった。彼女の影響の下、インテリアのディテールへのミースの能力が花を開いた。一九二七年、彼らは一緒にベルリンのモード博でシルク・ベルベット・カフェを設計しているが、このプロジェクトはミースの空間コンセプトの成熟ぶりを証明してくれる。彼らはまた、その後も一九三一年のベルリン建築展のようなプロジェクトにも一緒に取り組んだ。ミースが一九三八年にシカゴへ移ったとき、ライヒは一旦彼のもとを訪れたが、ベルリンへもどることを決め、そこで死ぬまで過ごした。

A・ジェームズ・シュペーヤー（A. James Speyer）*

A・ジェームズ・シュペーヤーは、IITのミースの最初の大学院生であり、長い歳月に渡る知己であった。シュペーヤーはカーネギー工科大学で科学の学士号を受けた後、ロンドンのチェルシー工科大学とパリのソルボンヌで学び、その後一九三九年、特にミースに学ぶためIITへ来た。五年間の従軍の後、一九四六年シュペーヤーはIITへもどって建築の設計を教え、また自分でも建築の仕事を始め、主に住居計画を手掛けた。彼は繊細なディテールの住宅をデザインしており、作品としては、レイク・フォレストのズウヒャー夫妻邸（一九五〇年）やシカゴの同じ施主のアパートメント（一九五六年）、ウィネトカのスタンレー・ハリス邸とハイランド・パークのジョエル・サメット邸（共に一九五三年）、ハイランド・パークのベン・ローズ邸（一九五二年）、レイク・フォレストのソロモン・B・スミス邸案（一九五三年）、ピッツバーグの私邸（一九五四年、図a・38）、ハーバート・グリーンウ

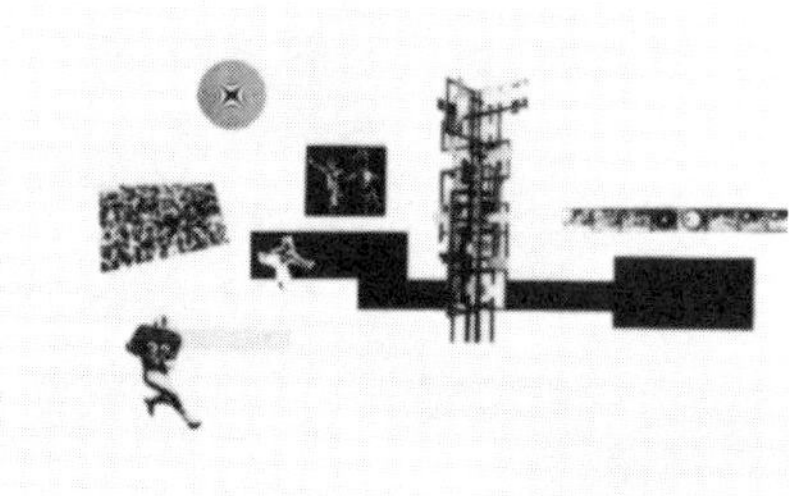

図a・37　レジナルド・マルコムソン、スポーツと文化のホール、一九七一〜七三年、コラージュ

図a・38　A・ジェームズ・シュペーヤー、ピッツバーグの私邸、一九五四年

ォールドのペントハウス（一九五九年）、ピッツバーグのアレクサンダー・シュペーヤー夫人邸（一九六〇年）等がある。一九五七年シュペーヤーは一一年に及ぶシカゴでの建築設計業を畳み、アテネ国立工科大学の客員教授となった。ミースが一九五八年に教職を退いたときに、IIT大学院の地位をシュペーヤーが引き継ぎ、一九六一年にシカゴ・アート・インスティテュートの二〇世紀絵画彫刻学芸員になるまでその責を果たした。シュペーヤーはアート・インスティテュートにおいても、複雑な、構築的な展示設置を通して建築デザインを実践し続けている。そのうち最も重要なものが、一九六八年の、彼の恩師ミース・ファン・デル・ローエの回顧展であった。

ジーン・サマーズ（Gene Summers, 1928- ）＊

ジーン・サマーズは、一九四九年にミースについての大学院での研究を行うために、IITに来た。サマーズがミース・ファン・デル・ローエ事務所で働いた一九五〇年以降は、ミースの最も重要な作品がいくつもあって非常に忙しいときであり、IITのクラウン・ホール（一九五〇～五六年）やデトロイトのラファイエット・パーク（一九五五～五六年）、ニューヨークのシーグラム・ビル（一九五四～五八年）、メキシコシティーのバカルディ社ビル（一九五七～六一年）、西ドイツのエッセンのクルップ・ビル案（一九六一～六三年）、ベルリンの新国立ギャラリー（一九六二～六七年）、シカゴ連邦センター（一九五九～七三年）等を手掛けていた。ミースのオフィスで一五年ほど過ごした一九六五年にサマーズは退職し、少しして自分の事務所を開き、一人だけドラフトマンとして、若い建築家、ヘルムート・ヤーンを雇った。その後、一九六七年にサマーズはC・F・マーフィー・アソシエーツの設計担当パートナーとなり、一九七三年まで勤めた。ミースの門弟の多くが建築を教えることを主としたのと違い、サマーズは設計に集中しており、そして、彼のミース流鍛錬のほどは、シカゴ湖岸に一九七〇年に建ったマコーミック・プレース・コンベンション・センター（図a・39）ミズーリ州カンザス・シティのケンパー・アリーナ（一九七三年）といった、細部が美しく構造的に表情豊かな作品に明白である。

図a・39　C・F・マーフィー・アソシエーツ、建築家ジーン・サマーズ、マコーミック・プレース・コンベンション・センター、シカゴ、一九七〇年

訳者あとがき

本書の原本 *Mies Reconsidered : His Career, Legacy, and Disciples* は、一九八六年八月から一〇月までシカゴ・アート・インスティテュートで催された「知られざるミースとそのモダニズムの弟子たち」と銘打った展覧会に際し、カタログを兼ねて出版された。ミース生誕百年にあたるこの年の前後には、ミースに関する展覧会や出版物がアメリカを中心にドイツなどで相次いで発表された。日本でも、日本建築学会がＩＩＴ等で催された展覧会を翌八七年に東京で企画し、またミースの伝記も二冊、翻訳刊行されている。

この、日本に紹介された二冊の伝記書は、一冊は簡略にまとまった入門書として手ごろなものであり（D・スペース著、平野哲行訳『ミース・ファン・デル・ローエ』、鹿島出版会ＳＤ選書）、もう一冊は大部の評伝書である（F・シュルツ著、澤村訳『評伝ミース・ファン・デル・ローエ』、鹿島出版会）。これら二冊の谷間を埋めるものとして、また伝記ばかりでなく、ミースに関して一冊にまとまった評論書も欲しいことから、内容・ヴォリューム共に格好の書である本書を、今回訳出することになった。

本書は、展覧会カタログを兼ねるという性格上もあって、六人の著者による論集となっている。以下に簡単に各章の内容と著者を紹介する。

第一章　ルートヴィッヒ・ミース・ファン・デル・ローエの生涯（Ludwig Mies van der Rohe : A Biographical Essay）　デヴィッド・スペース

本書の体裁から、冒頭に伝記が必要なわけで、前述の邦訳されている伝記作者によるミースの小伝である。基本的には邦訳書に沿った内容だが、スペース本人の意見をより強く表明しており、評論集の一章としての性格も持ち合わせている。スペースは、一九四一年生まれで、本文にも記されているとおりＩＩＴを卒業し、テキサス工科大学等で教授を勤めながら、設計事務所も開いている。

第二章　ミースの作品におけるモダニズムと伝統について——一九二〇年－一九六八年 (Modernism and Tradition in the Work of Mies van der Rohe, 1920-1968)　ケネス・フランプトン

フランプトンは著名なイギリスの建築史家・建築評論家であり、読者もすでに知っていることであろう。フランプトンはミースの建築言語を、構造合理主義とロマンチック古典主義との追究から捉え、それをマレーヴィチのシュプレマティスムと対比しようとしている。これはミースについてのフランプトンの持論であり、一九八〇年に発表された *Modern Architecture : A Critical History* でも同様に論じられている。彼は一九三〇年生まれ、イスラエルやイギリスで建築の実務についた後、建築雑誌の編集に就き、アメリカのコロンビア大学等で教えている。

第三章　ミースと高層建築——文通による歴史・イデオロギー・継承についての討論 (Mies and Highrise - Recent Correspondence of History, Ideology, and Succession)　クリスチャン・F・オットー編

近代建築論の大家、コーリン・ロウに対して、あるアマチュア建築愛好家（日本ではあまり

聞かないが）が討論を挑む、というフィクションだかノンフィクションだか判らないミース論。オットーはこれまでも、ミースに関する小論をいくつか発表している。
なお、本章の訳出はＥＡＴの末廣香織が担当した。

第四章　洗練――ミースの文化を彼の筆にたどる（Excellence : The Culture of Mies as Seen in his Notes and Books)　フランチェスコ・ダル・コォ

ミースの思想形成を、主に彼の哲学面での読書からたどろうという、おそらく本書の中でもっとも難解な章。趣旨に即して、主要な人名には訳注を付した。ダル・コォはイタリアの建築研究者であり、第五章にも出てくるタフーリとの共著『近代建築』が有名である。
原文はイタリア語から英語に訳されたものである。

第五章　ミース・ミメシス・ミスリーディング――意味ある・意味ない（miMISes READING : does not mean A THING)　ピーター・アイゼンマン

今をときめく（もはや流行を過ぎた、との声もあるが）デコンの第一人者、アイゼンマンによるミース論。アイゼンマンがミースを高く評価していることは有名であるが、まとまったミース論として書かれているのは貴重である。ただし、どちらかというと、ミースを脱構築している、というよりは、記号論的に解きあかした一文である。アイゼンマンは一九三二年生まれ、ニューヨークで活躍中。

第六章　ミースとその弟子――テクストとしてのアメリカ建築とその読解（Mies van der Rohe and his Disciples, or The American Architectural Text and its Reading)　スタンリ

ー・タイガーマン

アメリカ建築界において、ミースとその弟子たちの流れはどうなっているのか。一般論として理解されているようでも、本章のように具体的に論じられると、また新たな知見も生じるものだ。特に、同じアメリカ建築界でバリバリの現役建築家、シカゴ出身のタイガーマンの筆によるだけに、ミースの弟子たちには厳しい目を向けている。タイガーマンは一九三〇年生まれ、苦学の後ポール・ルドルフに師事し、現在は建築だけでなく、彫刻や絵画もものにしている。

付録――アメリカン・モダニスト列伝（Disciples of Modernism - Biographical Sketches）

原書に付録の、ミースと行を共にしたヒルベルザイマー等の仲間を含むいわばミース派建築家の系譜である。貴重な記録であるため、邦訳にあたってもそのまま収録した。

なお、原書はカタログも兼ねていたため、当然、図版を含むカタログ部分があったのだが、今回国内では展覧会を伴わず単行本として刊行することから、不要な部分は削除した。また、付録としてミースがドイツ時代に参加した設計競技に関する小論も登載されていたが、これも内容的に今回の訳出の趣旨に見合わないため、収録しなかった。

政権の推移、王朝の交替によって、かつての権力者や英雄が非難され、それがまた時代の流れによって、一旦貶められた人々が復権する。長い歴史の中では幾度となくあったことだが、今、ミースのような、モダニズムの英雄が復権のきざしを見せているのは、モダニズム帝国を滅ぼしたはずのポストモダン政権もその正当性を疑われるようになったからであろうか。あるいは、もはや次の時代になっているのであろうか。現代の建築潮流を見極めようとする上でも、ミースの復権は興味深いことである。

本書の訳出にあたり、ピーター・アイゼンマンについては、丸山洋志氏に教示を賜った。また、人名等のチェックを、アストリッド・クライン氏およびマーク・ダイサム氏に協力を仰いでいる。本書の上梓は、鹿島出版会の吉田昌弘氏の御尽力によるものであり、同氏の編集の労と共に、推敲等を助けてくれた妻、淳子も併せ、各氏に深く感謝の念を表したい。

最後に、一人でも多くの読者から御意見、御批判をいただければ、これにまさる訳者の喜びはない。お気づきの点があれば、御教示願いたい。

澤村　明

一九九一年一二月一日

澤村　明（さわむら　あきら）
一九六一年兵庫県生まれ。一九八四年九州大学工学部建築学科卒業。東京都立大学大学院中退。
現在、新潟大学経済学部助教授。
訳書、フランツ・シュルツ著『評伝ミース・ファン・デル・ローエ』、ウィリアム・カーティス著『近代建築の系譜』（上下巻・共訳）。鹿島出版会、他。

EAT
正式名称　有限会社イーエイティー一級建築士事務所。代表・末廣香織。一九九〇年六月設立。

SD選書
242

ミース再考――その今日的意味

発行――二〇〇六年四月一日©
訳者――澤村明＋EAT
発行者――鹿島光一
印刷――三美印刷　製本――牧製本
発行所――鹿島出版会　東京都千代田区霞が関三丁目2番5号
霞が関ビル6階
電話（五五一〇）五四〇〇　振替　東京六―一八〇八八三

ISBN4-306-05242-7　C1352
Printed in Japan

復刊

初の評伝にして決定版

『評伝ミース・ファン・デル・ローエ』（普及版）

フランツ・シュルツ＝著／澤村 明＝訳　（写真は本書より）

more

新刊

直弟子がみた巨匠の真相

『ミース・ファン・デル・ローエ　真理を求めて』

高山正實＝著

既刊

作品と哲学を知る入門書

『ミース・ファン・デル・ローエ』（SD 選書 204）

ディヴィッド・スペース＝著／平野哲行＝訳